Delly

L'étincelle

I

Un jour terne et mélancolique pénétrait dans la pièce à travers les vitres ruisselantes de la pluie fine, serrée, tenace qui tombait depuis l'aube. Dans cette sorte de pénombre disparaissaient ou s'estompaient à peine les dressoirs de bois sombre, le massif buffet garni de précieuses porcelaines, les quelques tableaux, paysages dus à des pinceaux célèbres, qui ornaient cette très vaste salle à manger. Seule, la partie de la grande table qui se rapprochait des deux fenêtres voyait arriver à elle une clarté à peu près suffisante...

Du moins, la personne qui se trouvait là s'en contentait et travaillait avec une extrême application. Sa tête demeurait penchée sur le linge qu'elle reprisait et l'on n'apercevait d'elle que son buste mince et élégant, un peu grêle, et une épaisse torsade de cheveux soyeux, d'une remarquable finesse et d'une nuance blond argenté rare et charmante. Les mains qui faisaient marcher l'aiguille étaient petites et bien faites, mais brunies, même un peu durcies comme celles d'une ménagère.

Le silence, dans cette rue parisienne un peu retirée, était troublé seulement à de rares intervalles par le passage d'une voiture et de piétons dont les pas claquaient sur le sol mouillé. Dans l'appartement lui-même, rien ne venait le rompre...

Mais un pas énergique résonna soudain derrière une porte, et celle-ci s'ouvrit avec un petit grincement. Dans l'ouverture s'encadra une femme de haute stature et d'apparence vigoureuse. Une épaisse chevelure noire, à peine traversée de quelques fils d'argent, ombrageait son front élevé et volontaire, en faisant ressortir la pâleur de ce visage aux traits accentués. Dès le premier coup d'œil jeté sur cette physionomie énergique et hautaine, en rencontrant ces yeux bruns très pénétrants, froids et tranchants comme une lame, mais animés d'une singulière intelligence, on avait l'intuition de se trouver en face d'une personnalité remarquable – quoique peu sympathique.

3

– Isabelle !

La voix qui prononçait ce nom résonna, brève et métallique, dans le silence de la grande salle... La tête blonde se leva lentement et deux grands yeux d'un bleu violet se tournèrent vers la porte.

– Isabelle, nous partirons dans deux jours pour Maison-Vieille. Tenez-vous prête.

– Bien, grand-mère, dit une voix calme, presque morne.

Et la tête blonde s'abaissa de nouveau.

La grande dame brune s'éloigna en refermant la porte d'un mouvement plein de décision... Mais une minute plus tard, cette porte se rouvrait, livrant passage à une ombre mince et grise qui se glissa dans la salle et arriva près de la travailleuse.

– Quelle folie, Isabelle !... Est-il vraiment raisonnable de repriser avec un jour pareil ! dit une petite voix grêle. Cela n'a rien de pressé, voyons ?

L'aiguille fut arrêtée dans son mouvement et un jeune visage se tourna vers l'arrivante. Il était impossible de rêver un teint d'une plus parfaite blancheur... non la froide blancheur du marbre, mais celle, exquisement délicate, comme transparente, des pétales de certaines roses... Mais cette figure de jeune fille, fine et charmante, était amaigrie et empreinte d'une morne tristesse.

– Je suis très pressée au contraire, tante Bernardine... maintenant surtout.

– Ah ! tu fais allusion au départ pour Maison-Vieille, sans doute ? Madame Norand t'a dit ?...

La jeune fille inclina affirmativement la tête... Ses mains étaient maintenant croisées sur son ouvrage et elle regardait distraitement les minuscules ruisseaux serpentant le long des vitres, et incessamment alimentés par la pluie persistante.

Son interlocutrice s'assit près d'elle... Cette petite femme maigre et légèrement contrefaite, dont le visage jauni s'encadrait de bandeaux d'un blond terne, semblait n'avoir, au premier abord, aucune ressemblance avec la jolie créature qui l'appelait sa tante. Cependant, en les voyant quelque temps l'une près de l'autre, on réussissait à trouver quelques traits identiques dans la physionomie effacée et insignifiante de la vieille demoiselle et celle, infiniment délicate, mais trop grave de la jeune fille.

– Es-tu contente, Isabelle ?... Tu aimes mieux Astinac que Paris, n'est-ce pas ?

Isabelle demeura un instant sans répondre, le visage tourné vers la fenêtre par laquelle le crépuscule tombant jetait une plus pénétrante mélancolie... Enfin, elle dit lentement :

– Oui, peut-être... J'aime la campagne... et puis...

Elle s'interrompit, et une sorte de lueur traversa son regard triste.

– ... Et puis il y a un peu plus de liberté, du soleil, de l'air, des fleurs, tandis qu'ici...

Elle montrait la rue, la perspective des toits sans fin, des maisons froides et solennelles, et aussi le ciel maussade, l'atmosphère humide et grise de cette soirée de mai.

– Oui, les promenades seront plus agréables là-bas, et moi aussi je suis contente d'y aller, car je n'aime décidément pas Paris, dit mademoiselle Bernardine d'un petit ton allègre. Allons, laisse ton ouvrage, Isabelle. Six heures sont sonné, sais-tu ?

Isabelle se leva lentement, comme à regret... Elle avait une taille élevée, extrêmement mince et svelte – trop mince même, car elle ployait, comme une tige frêle, sous le poids d'une lassitude physique ou morale. Ses mouvements paisibles, presque lents, semblaient témoigner de cette même fatigue.

Elle rangea son ouvrage et gagna un long couloir au bout duquel s'ouvrait la cuisine. Une vieille femme très corpulente allait et venait dans cette vaste pièce, gourmandant à tout instant la fillette maigre et ébouriffée qui épluchait des légumes près d'une table.

Sans prononcer une parole, Isabelle décrocha un large tablier bleu qu'elle noua autour d'elle, et, dans le même silence, se mit à aider la vieille cuisinière. Celle-ci semblait accepter ses services comme une chose habituelle, et, de fait, en voyant la dextérité de cette jeune fille dans la besogne qu'elle accomplissait, il était permis de penser qu'elle avait dû bien souvent remplir cet office.

Mais elle n'avait pas abandonné son attitude lasse, non plus que ses mouvements presque inconscients parfois, semblait-il. Un seul instant, elle éleva un peu la voix pour prendre la défense de la fillette qui servait de laveuse de vaisselle et de petite aide.

– Mademoiselle, c'est une étourdie, une effrontée ! s'écria la cuisinière en roulant des yeux féroces. Croiriez-vous qu'elle est restée près d'une heure pour faire une petite course à côté !... Elle a été jouer je ne sais où, ou bien baguenauder devant les magasins...

– Mais, Rose, sa vie n'est pas si gaie ! On peut l'excuser un peu, cette enfant... Oui, elle a le temps de connaître l'ennui ! dit Isabelle d'un ton bas, plein d'amère mélancolie.

Une ombre semblait s'être étendue sur son front, tandis qu'elle continuait ses allées et venues à travers la cuisine. Elle retourna bientôt dans la salle à manger où une femme de chambre, plus âgée encore que Rose, et un vieux domestique très peu ingambe s'occupaient à dresser le couvert avec une sage lenteur. Là encore, la main habile d'Isabelle fit à peu près toute la besogne.

Au moment où la jeune fille finissait d'allumer les bougies du grand lustre hollandais, le timbre électrique de la porte d'entrée résonna... À cette heure, ce ne pouvait être encore qu'un fournisseur, et, sans se presser, le vieux valet de chambre alla ouvrir.

– Monsieur Marnel ! s'exclama-t-il d'un ton de surprise joyeuse.

– Eh ! oui, mon bon vieux Martin ! répondit un organe sonore et franc.

Isabelle, debout sur un escabeau, se trouvait en pleine lumière, précisément en face de la porte de l'antichambre. Il lui était impossible d'éviter d'être vue, et, d'ailleurs, elle ne semblait pas désireuse de se cacher. Son calme et mélancolique

6

regard se fixa, un court moment et sans beaucoup de curiosité, sur l'arrivant – un homme de haute et forte stature, aux cheveux blanchissants coupés ras, au visage accentué, très coloré, extrêmement ouvert et sympathique...

À peine la femme de chambre l'eût-elle aperçu qu'elle gagna le plus vite possible l'antichambre.

– Monsieur Marnel, vous voilà enfin revenu ! dit une voix chevrotante. Les Turcs et tous ces sauvages de là-bas ne vous ont pas tué, tout de même !

– Eh ! vous le voyez, ma bonne Mélanie ! dit-il gaiement tout en ôtant son pardessus ruisselant. Mais je vous retrouve toujours travaillant... Il me semble que vous avez bien gagné votre retraite.

– Rose, Mélanie et moi sommes toujours les seuls serviteurs de madame Morand, dit fièrement le vieux Martin. Madame veut bien nous garder, et nous ne demandons pas mieux, car ici, c'est à peu près comme chez nous. Monsieur pourra juger que le service ne marche pas mal encore.

– Vraiment !... Rien qu'à vous trois !... C'est extraordinaire !

Il s'interrompit, tandis que son regard extrêmement surpris se dirigeait vers la salle à manger. Là, sous la vive clarté répandue par le lustre, se dressait Isabelle, vêtue de sa modeste robe grise et de son tablier de servante... Mais ces détails vulgaires disparaissaient devant le charme délicat de cette blanche figure, devant la grâce naturelle de cette attitude.

Revenant rapidement de sa surprise, l'étranger rejoignit Martin qui avait été ouvrir la porte du salon. En passant devant la salle à manger, il s'inclina courtoisement. Un bref petit mouvement de tête lui répondit... Lorsqu'il fut passé, Isabelle sauta à terre et se dirigea d'un pas posé vers l'office, emportant l'escabeau qu'elle semblait avoir quelque peine à soulever.

Dans le salon, la voix affaiblie de Martin avait jeté ce nom :

– M. Marnel !

Une légère exclamation lui répondit, et, de la pièce voisine, sortit la grande et forte dame qu'Isabelle avait appelée grand-mère. Une extrême surprise, mêlée d'une satisfaction sincère, se lisait sur ce visage dominateur.

– Marnel !... d'où arrivez-vous donc ? dit-elle en lui tendant la main avec un élan cordial qui devait être rare chez elle.

– Mais tout droit de Smyrne, ma chère amie ! Ce retour était préparé depuis quelques mois, mais je voulais surprendre tous mes amis, selon ma coutume d'autrefois... vous rappelez-vous, Sylvie ?

– Oui, c'était votre plaisir, et je vous en faisais toujours le reproche, Marnel. Mais je n'ai jamais réussi à vous corriger... Enfin, je vous pardonne cette fois en considération du contentement que me cause votre retour. Voici cinq ans, presque jour pour jour, que vous avez quitté Paris, Marnel... Venez par ici, nous serons plus tranquilles pour causer un peu, car mes premiers invités ne vont pas tarder à apparaître.

– En effet, je me suis rappelé que c'était le jour de votre dîner et de votre réception hebdomadaires, dit-il en la suivant dans la pièce voisine, vaste cabinet de travail garni de meubles anciens et de bronzes superbes. Une lampe très puissante était posée sur le bureau, éclairant les papiers épars et les volumes entrouverts.

– Vous travaillez toujours, Sylvie ? continua-t-il en prenant place sur le fauteuil que lui désignait madame Norand. J'ai lu vos dernières œuvres et j'y ai retrouvé les qualités d'analyse, le style à la fois fort et charmeur qui ont fait connaître au monde entier le nom de Valentina... Mais, Sylvie, plus encore qu'autrefois, vos héros m'ont semblé singulièrement désenchantés et leur morale lamentablement triste et... désespérante.

Elle eut un léger mouvement d'épaules.

– Que voulez-vous, Marnel, c'est la vie ! dit-elle froidement. Un peu... très peu de bonheur, beaucoup de souffrances et de désillusions... et, en fin de compte, aucun autre espoir que le repos de la tombe, l'anéantissement final.

– Que dites-vous là, Sylvie ! s'écria-t-il sans pouvoir retenir un geste de protestation. D'où vous viennent ces théories lamentablement amères ?... Vous n'étiez pas ainsi désabusée, jadis.

– Parce que je croyais encore au bonheur, dit-elle d'un ton bas, plein d'amertume. Mais parlons de vous, Marnel, reprit-elle de son accent ordinaire. Ce voyage en Orient ?...

– Absolument superbe ! Je rapporte une moisson de documents et de notes précieuses pour les œuvres qui sont là à l'état d'embryon, dit-il en se frappant le front. Eh ! voilà cinq ans que j'ai quitté la France et que je voyage du Caucase aux Balkans, de Constantinople à Téhéran, sans compter mes petites fugues dans la Mandchourie et un séjour de trois mois au pays des rajahs. Bien des choses ont changé depuis... Mais, à propos, j'ai été stupéfié de retrouver encore vos vieux domestiques. Comment peuvent-ils s'en tirer, Sylvie ?

– Cela marche fort bien, je vous assure. Ces braves gens me sont très attachés.

– Alors vous leur donnez des aides ? dit-il en riant. Car, vraiment, je crois que vous seriez étrangement servie avec ces bons invalides seuls. Mais d'ailleurs, à propos d'aide, je crois en avoir aperçu une... une jeune personne qui m'a semblé – soit dit en passant – d'une apparence peu appropriée à cet état... C'est probablement une demoiselle de compagnie, une surveillante ?

Un pli profond barra soudain le front de madame Norand, tandis qu'une lueur de contrariété traversait son regard.

– C'est ma petite-fille, Isabelle d'Effranges, répondit-elle sèchement.

– La fille de votre jolie Lucienne.

– Oui, la fille de Lucienne, vicomtesse d'Effranges, dit-elle du même ton bref et saccadé.

– Elle ne ressemble pas à sa mère. C'est le type des d'Effranges, absolument... Elle m'a paru une ravissante personne, moins brillante, moins coquette que Lucienne, n'est-ce pas ?... Je doute que l'élégante Lucienne Norand ait jamais consenti à revêtir cette modeste tenue de ménagère.

9

L'ombre se fit plus épaisse sur le front de son interlocutrice dont les lèvres se pincèrent nerveusement.

– Malheureusement, je ne l'y ai jamais forcée, dit-elle d'un ton où vibrait une émotion puissante. Si j'avais agi envers elle comme je l'ai fait pour Isabelle, elle vivrait encore, ma jolie Lucienne. Mais j'ai été faible... Pendant plusieurs années après mon mariage, uniquement occupée de mes travaux littéraires, de la renommée que j'ambitionnais, du succès, de la célébrité même qui m'arrivait alors que j'étais si jeune encore, je laissais mes enfants aux soins d'une gouvernante... Et cependant, je les aimais, je le compris le jour où mon second fils mourut d'une chute causée par l'imprudence d'une servante. Alors je rapprochai de moi Marcel et Lucienne, je m'occupai d'eux... mais surtout pour les gâter, car je ne pouvais résister au moindre caprice de ces êtres ravissants... Oui, on a vanté bien souvent ma force de caractère, mon invincible énergie, et, de fait, je n'ai jamais plié, excepté devant mes enfants. Aussi qu'est-il advenu ?... Après une vie folle que lui payaient les sommes chaque année plus considérables gagnées par sa mère, Marcel Norand est mort à vingt-deux ans, des suites d'une blessure reçue en duel... et on a dit que c'était un bonheur pour sa mère, et pour lui, car la folie le guettait, et, déjà, avait commencé son œuvre...

Sa voix avait pris un son rauque et elle passa lentement la main sur son front où se formaient de douloureuses rides.

– Comme vous avez souffert, ma pauvre Sylvie ! dit M. Marnel d'un ton ému.

– Si j'ai souffert !... Mais le pire m'attendait encore. J'idolâtrais Lucienne, si radieusement jolie, si vive, tellement charmante qu'on ne pouvait la voir sans l'admirer. Depuis son enfance, elle n'avait jamais eu qu'un objectif : s'amuser... s'amuser toujours, briller, éblouir les autres, et moi je n'avais qu'un désir : l'y aider de tout mon pouvoir. Uniquement par orgueil, elle avait épousé à dix-huit ans le vicomte d'Effranges, riche et frivole gentilhomme qui la laissa veuve deux ans plus tard... À vingt-trois ans, Lucienne mourait, fatiguée, usée par une vie mondaine sans trêve ni répit qui avait brisé son tempérament délicat. Elle quittait la vie en m'accusant de sa mort... parce que je ne lui avais jamais rien refusé... parce que je l'avais trop aimée... Oui, elle a dit ce mot...

Quelque chose d'étrangement douloureux vibrait dans cette voix brève et cet énergique visage se contractait.

– ... Aussi me suis-je juré que ma petite-fille ne pourrait me faire ce reproche. Elle ne sera pas une femme de lettres, une savante ou une artiste, j'ai expérimenté par moi-même le peu de satisfaction que l'on recueille de ces états. Bien moins encore elle ne connaîtra le monde, ses futilités, ses plaisirs... le monde qui m'a enlevé Lucienne... Et puisque j'ai tué ma fille en l'ayant trop aimée, je n'ai pas voulu courir ce risque avec Isabelle. Elle a été élevée dans une institution sévère où son instruction a reçu l'orientation indiquée par moi. L'absolu nécessaire en fait de lettres et de sciences, et, en revanche, beaucoup de travaux manuels, tel a été mon programme, scrupuleusement suivi par la directrice de cet établissement. Quand Isabelle en est sortie, je l'ai prise chez moi, mais ce programme s'y est maintenu. Ma petite-fille ne voit que quelques amies choisies par moi, c'est-à-dire sérieuses, bonnes ménagères et peu cultivées d'esprit ; elle ne connaît rien des plaisirs du monde et est elle-même ignorée de mes relations. C'est elle qui s'occupe de tous les détails du ménage, qui aide mes vieux serviteurs – et, en passant, Marnel, je peux vous apprendre que je les conserve uniquement pour donner de l'occupation à Isabelle – et une occupation telle que je l'entends.

– Mais je ne comprends pas votre but ! observa M. Marnel qui semblait abasourdi... À quoi destinez-vous votre petite-fille ?

– À quoi ?... Mais uniquement à devenir une bonne femme d'intérieur. Je la marierai bientôt à quelque propriétaire campagnard qui trouvera en elle une compagne sérieuse et entendue, entièrement occupée de son mari, de ses enfants et de sa maison. Elle ne sera pas exaltée ou sentimentale, j'y ai veillé... Mon amour – trop fort – pour ma fille ne m'ayant causé qu'amertume et désillusion, je n'ai jamais cherché à rapprocher de moi Isabelle, et j'ai tout fait pour lui persuader qu'une affection quelconque entraîne inévitablement la douleur. Aussi est-elle devenue indifférente à tous et à toutes choses – condition expresse de bonheur.

– Épouvantable égoïsme, voulez-vous dire ! s'écria M. Marnel dans un élan indigné. Oh ! Sylvie, Sylvie, qu'avez-vous fait !... Et cette jeune fille ne s'est pas révoltée contre la vie que vous lui imposiez ?

– Dans son enfance, bien souvent. Elle était vive, enthousiaste, excessivement désireuse d'apprendre... Mais nous avons mis ordre à ces tendances désastreuses,. Isabelle ne sait que ce que j'ai voulu lui faire connaître, et elle a compris depuis longtemps que la révolte était inutile, que rien ne me ferait fléchir, dit madame Norand d'un ton de fermeté implacable. Aujourd'hui, elle est uniquement attachée à ses devoirs de ménagère, et les aspirations inutiles, les rêves sont morts en elle.

– Le croyez-vous ?... Et vous était-il permis de pétrir cette jeune âme à votre fantaisie, de détruire en elle, sous prétexte de rêves, tout idéal, d'étouffer en quelque sorte sa destinée tracée par Dieu pour y substituer une autre conçue par vous ?... Cela me semble excessif, Sylvie.

– La destinée de nos enfants est celle que nous leur faisons, dit-elle sèchement. J'en ai eu la preuve pour Lucienne.

– En partie, Sylvie, et à condition de ne pas contrarier les aspirations légitimes, l'instinct du beau et du bien que Dieu a mis dans l'âme humaine, à des degrés différents, afin de donner un but spécial à chaque vie.

– Vous parlez en chrétien fervent, dit madame Norand avec une légère ironie. L'êtes-vous donc devenu dans vos voyages ?

– Malheureusement non, répondit-il avec gravité. Je voudrais avoir ce bonheur... et, comme beaucoup, je me demande parfois ce qui me retient. L'habitude, sans doute, la lâcheté, que sais-je ?... Mais, pour en revenir à votre petite-fille, je trouve que vous poussez trop loin votre système en refoulant complètement tous les élans de cette intelligence et de ce cœur.

Madame Norand demeura un instant silencieuse, remuant machinalement les feuillets épars devant elle. Enfin, elle leva d'un mouvement énergique sa tête hautaine.

– Tenez, Marnel, j'ai toujours pensé que l'imagination entrait pour une bonne part dans les souffrances humaines. Si cette folle ne venait agiter et troubler le cœur de l'homme, celui-ci connaîtrait plus de jours heureux... Eh bien ! qu'ai-je fait pour Isabelle ? J'ai affaibli son imagination, je l'ai à peu près supprimée en ne lui accordant pas les aliments nécessaires... oui, vraiment, je crois qu'elle n'a plus désormais que des désirs calmes et bornés. Chez elle, tout sera pondéré, réfléchi, plein de modération... En un mot, j'ai dirigé ce cœur de telle sorte qu'il ne reçoive la secousse d'aucune passion. N'est-ce pas l'idéal, le secret du bonheur ?

– Beaucoup appelleraient un crime cet accaparement d'une âme, cette destruction de l'étincelle divine... car, Sylvie, s'il est des passions condamnables, d'autres sont nobles et belles et honorent l'humanité. Indistinctement, vous avez tenté de détruire les unes et les autres, en traçant à ce jeune cœur une voie sévère et monotone, remplie de devoirs et privée de bonheur, puisque vous lui refusez la liberté morale et les rêves les plus légitimes... Mais ne craignez-vous pas que l'étincelle divine si bien refoulée ne jaillisse quelque jour, fulgurante et victorieuse, de cette âme comprimée par vous ?

– Vous croyez à l'étincelle, à l'aveuglant éclair du coup de foudre ? dit ironiquement madame Norand. Pas moi, lorsqu'on sait en prémunir de bonne heure les jeunes imaginations. J'ai agi pour le bien d'Isabelle, et, soyez-en certain, elle sera plus heureuse que les jeunes mondaines ou les petites romanesques que je rencontre sans cesse sur ma route... Mais nos amis sont arrivés, j'entends la voix aiguë de Rouvet et la basse formidable de Cornelius Harbrecht. Venez, Marnel... À propos, je vous prierai de ne pas parler de ma petite-fille. Très peu de mes connaissances savent qu'elle vit près de moi, car je veux qu'elle demeure, même de nom, en dehors du monde qu'elle ne doit pas connaître. Si je vous en ai dit quelques mots, c'est en considération de notre amitié d'enfance continuée sans interruption jusqu'à ce jour, et équivalant ainsi à une parenté.

Il s'inclina en signe d'assentiment et la suivit dans le salon où se trouvaient réunies une vingtaine de personnes. Il y avait là les noms les plus connus du Paris littéraire, romanciers, poètes, écrivains en tous genres, et, au milieu d'eux, quelques femmes que leur talent mettait au rang des célébrités du jour... Parmi celles-là madame Norand – Valentina dans le monde des lettres – occupait une place prépondérante tout autant par son énergie dominatrice et sa vaste intelligence qu'en raison du renom acquis par ses œuvres. L'âge n'avait en rien diminué ses facultés, et les lettrés attendaient toujours avec impatience l'apparition de ces romans charpentés de main de maître, semés de subtiles analyses du cœur humain et teintés – de plus en plus fortement – d'une philosophie amère et douloureuse – œuvres qu'un lecteur non prévenu eût attribuées sans hésitation à une intelligence masculine desséchée par le vent des désillusions et de l'égoïsme, et se réfugiant, lâche et désespérée, dans la négation du relèvement de l'âme après la chute ou la douleur, dans l'affreuse doctrine du néant.

Et cet écrivain était une femme, une mère et une aïeule.

... Isabelle et sa tante achevaient de prendre leur repas dans la chambre de mademoiselle Bernardine, ainsi qu'il en était chaque fois que madame Norand avait des hôtes. Malgré l'invitation qui lui en avait été faite une fois pour toutes, la vieille demoiselle, amie de la tranquillité et peu portée sur les choses de l'esprit, ne s'était jamais souciée de paraître à ces réceptions et préférait de beaucoup son tête à tête avec sa nièce, qui écoutait patiemment ses interminables histoires sur les faits et gestes des habitants d'Ubers, le village berrichon où s'élevait le petit castel de mademoiselle Bernardine d'Effranges. Elle était la sœur cadette du défunt vicomte, père d'Isabelle, et n'avait pas connu sa nièce jusqu'à l'année précédente, où il lui était venu à l'esprit de faire un voyage à Paris. Madame Norand l'avait poliment invitée à demeurer quelque temps près de la jeune fille, car elle s'était vite aperçue que cette petite femme nulle et insignifiante était incapable de déranger ses plans. Cette nouvelle vie plaisait sans doute à mademoiselle Bernardine, puisqu'elle ne parlait pas de départ et s'apprêtait au contraire à suivre madame Norand à sa maison de campagne.

Isabelle enleva le couvert, et alors commença la partie de piquet, délassement quotidien de mademoiselle d'Effranges. C'était un des rares moments où cette physionomie terne s'animait légèrement... Quant à Isabelle, rien ne venait trahir sur son visage le plaisir ou l'ennui. Était-elle même capable de ressentir l'un ou l'autre ?... La question demeurait sans réponse devant le regard insondable de ces grands yeux bleus.

À neuf heures Isabelle, ayant souhaité le bonsoir à sa tante, se dirigea vers l'office. Là les assiettes fines, les tasses de transparente porcelaine, le cristal désespérément fragile attendaient ses mains adroites... La malhabile petite Julienne, non plus que Rose, dont les doigts étaient perclus de rhumatismes, ne touchaient jamais à ces objets de prix, et c'était Isabelle qui en était chargée – comme de bien d'autres besognes plus assujettissantes et plus dures destinées à tenir son esprit sans cesse occupé de choses matérielles.

De temps à autre, par les portes un instant entrouvertes, arrivaient des éclats de voix joyeuses ou le son du piano supérieurement travaillé par l'un des invités... Mais le blanc visage d'Isabelle restait impassible, et lentement, doucement, elle continuait à passer la serviette de fine toile sur les tasses précieuses, don d'une princesse russe admiratrice passionnée de Valentina. L'aimable grande dame se fût pâmée d'étonnement si elle avait pu apercevoir la besogne à laquelle se livrait la fille du vicomte d'Effranges et de l'élégante Lucienne Norand – la belle jeune fille qu'un impitoyable système d'éducation reléguait à l'office, parmi les servantes.

II

L'aube blafarde jetait sur la terre endormie une vague lueur. Du ciel bas et gris, chargé de pluie, tombait, avec une intense tristesse, ce froid particulier des commencements de jour qui pénètre l'âme autant que le corps. Un frissonnement semblait agiter les arbres, les bruyères, les fleurettes sauvages penchées au bord du torrent dont la masse d'eau grise striée d'écume glissait entre les falaises avec un grondement sourd.

Et ce frisson faisait également frémir les épaules d'Isabelle penchée à la fenêtre de sa chambre. Malgré le châle dont elle s'enveloppait, elle ressentait la morsure de cet air humide et glacé, mais elle n'en demeurait pas moins immobile, regardant vaguement le bois de châtaigniers qui couronnait la falaise opposée.

Une impression de paix austère se dégageait de ces frondaisons sombres, de ce sous-bois encore endormi et enténébré... Vers la gauche, à la limite de cette châtaigneraie, et sur le bord même du torrent dont il n'était séparé que par un étroit sentier et une palissade enlierrée, s'étendait un jardin orné de pelouses et de corbeilles éclatantes. Au-delà s'élevait une grande maison grisâtre, enguirlandée et fleurie, toute close encore à cette heure... Une échancrure de la falaise, surmontée d'un pont pittoresque, séparait cette propriété des premières maisons du village, perchées sur un promontoire rocheux. Là, quelques silhouettes se mouvaient et le chant du coq, vibrant et altier, le profond beuglement des grands bœufs sortant de l'étable, l'aboiement d'un chien rompaient le silence recueilli du jour levant.

Le regard d'Isabelle s'était un instant dirigé de ce côté, mais il revenait involontairement vers la maison grise, d'apparence très pittoresque et très accueillante sous son revêtement de verdure et de fleurs... La jeune fille s'arracha enfin à sa contemplation et, fermant la fenêtre, descendit rapidement le vieil escalier de pierre construit en spirale. Au bas s'étendait un vestibule haut et sombre, aux murs de granit grisâtre à peine ornés de quelques trophées de chasse. Isabelle tourna avec l'effort l'énorme clef de la porte d'entrée... Le lourd battant clouté d'acier grinça douloureusement et s'ouvrit pour livrer passage à la jeune fille.

Elle se trouva dans l'étroit sentier sur lequel donnait la façade de la maison qu'elle venait de quitter – Maison-Vieille, comme on l'appelait dans le pays. Cette séculaire demeure avait été durant de longues années le patrimoine des cadets de la famille d'Abricourt, dont le château s'élevait à huit kilomètres au-delà. Leur écusson surmontait toujours la porte en ogive et les fenêtres à meneaux en croix, mais le dernier des d'Abricourt avait depuis longtemps disparu. De mains en mains, Maison-Vieille était devenue la propriété de madame Norand... La célèbre femme de lettres y passait régulièrement ses étés et semblait avoir une prédilection particulière pour ce coin de la sauvage Corrèze, et pour cette demeure sévère placée au bord du torrent, dans la grave solitude des landes. Astinac, le village situé sur l'autre rive, la voyait rarement ; elle y était ainsi peu connue et presque crainte des paysans, très intimidés par son aspect altier.

Isabelle s'enveloppa plus étroitement de son châle et s'engagea dans le sentier. À sa gauche s'étendait la lande semée de bruyères et de blocs de granit, dévalant en pente douce jusqu'aux châtaigneraies traversées de ruisseaux gazouilleurs, jusqu'aux prairies d'un vert délicieusement frais... Au-delà, des vallons s'ouvraient entre les escarpements granitiques en partie boisés, et traversés de filets d'eau bondissant en cascatelles à travers les roches pour venir former les ruisseaux de la vallée et s'unir enfin au torrent. Ces escarpements formaient le premier plan des monts dont la silhouette s'estompait dans la brume.

Mais la lumière grise de cette aube maussade couvrait toutes choses d'un sombre voile et Isabelle, saisie sans doute par la mélancolie ambiante, hâta le pas le long du sentier. Le torrent coulant à sa droite, à une certaine distance, l'accompagnait de son murmure sourd, auquel se mêlaient maintenant les bruits confus du village qui s'éveillait tout entier... Elle prit un sentier transversal tracé au milieu des bruyères et gagna le bord de la falaise qui s'élevait maintenant d'une manière fort sensible. Un hêtre rabougri ou un châtaignier naissant sortaient çà et là du sol couvert d'une herbe courte, mouillée de rosée.

La jeune fille atteignit un promontoire rocheux où un arbre solide avait trouvé moyen de prendre racine. Son feuillage superbe et sombre abritait une chapelle, charmant édifice en ruines que le lierre envahissait à son gré. Quelques débris d'admirables vitraux demeuraient encore dans les étroites fenêtres, par lesquelles entraient librement les oiseaux, seuls hôtes du petit sanctuaire.

Isabelle s'assit contre le portail en ogive, le long duquel grimpaient audacieusement les liserons rosés. Au pied du promontoire le torrent, un instant resserré, bouillonnait et s'épandait, tout frissonnant, pour former un peu après une cascade, blanc remous d'écume dont le grondement emplissait l'air.

Les embruns arrivaient jusqu'à Isabelle, mais elle ne semblait pas s'en apercevoir. Dans une contemplation recueillie, elle ne quittait pas du regard la masse liquide et écumante et la falaise escarpée aux flancs couverts de lichens, de mousses finement nuancées et de délicats myosotis sauvages... Parfois, ce regard se perdait dans le lointain, où le torrent coulait entre des rives rocheuses et élevées sur lesquelles se succédaient les landes arides, les châtaigneraies, les champs verdoyants.

Pendant les deux étés précédents – les premiers qu'Isabelle eût passés à Astinac – la chapelle de Saint-Pierre du Torrent avait vu fréquemment s'asseoir à l'ombre de ses murailles branlantes la pâle jeune fille de Maison-Vieille. Ce petit coin charmant était toujours désert. Les villageois prétendaient que le spectre d'un ermite, longtemps habitant de ces lieux et ayant ensuite renié son Dieu, apparaissait fréquemment, et nul ne se souciait d'en faire l'expérience... Mais Isabelle ne craignait sans doute aucunement les apparitions d'outre-tombe, car le sanctuaire gothique était demeuré le but préféré de ses solitaires promenades. Elle y restait parfois une heure, telle qu'elle était en cet instant, les mains croisées, le regard vague et mélancolique.

À quoi songeait-elle ainsi ?... Et, au fait, y avait-il même quelque pensée dans cette tête si délicatement modelée, derrière ces grands yeux violets que voilaient souvent complètement de longs cils dorés ?... Il était permis d'en douter en constatant l'absence de la moindre émotion sur cette physionomie de jeune fille.

Un son de cloche vibra soudain dans l'air, premier tintement de l'Angélus jeté du clocher de la vieille église d'Astinac. Isabelle se leva et secoua sa jupe mouillée de rosée... Tandis qu'elle rajustait le châle autour d'elle, son regard effleurait machinalement le sol, et, se baissant tout à coup, elle ramassa un objet gisant dans l'herbe. C'était un sac à ouvrage en soie ancienne brochée, coquettement garni de rubans de moire rouge... La jeune fille le laissa retomber à terre. Un pli s'était formé sur son front, sans doute à la pensée que des étrangers avaient profané sa chère retraite.

Elle reprit le sentier parcouru tout à l'heure, mais, arrivée en face du village, elle traversa le pont qui reliait les deux rives. Quelques bonjours de paysannes l'accueillirent, et, tout en y répondant brièvement, elle continua à suivre le bord du torrent, étroit sentier longeant d'abord le village, puis le jardin de la maison grise au revêtement de verdure...

Elle s'était animée maintenant, la grande vieille maison, et par les fenêtres ouvertes arrivaient des cris d'enfant, des murmures de voix joyeuses, le son d'un piano. À travers la palissade, Isabelle put discerner une grande et forte jeune fille, simplement vêtue, qui sarclait une corbeille abondamment garnie de pensées. Sur la terrasse tenant toute la longueur de la maison, un homme d'un certain âge se promenait en fumant, s'interrompant parfois pour adresser une observation à des personnes invisibles à l'intérieur.

La palissade dépassée, la jeune fille longea la châtaigneraie dont une partie faisait face à Maison-Vieille. Devant elle, Isabelle voyait venir deux étrangers – deux jeunes gens vêtus de légers costumes de toile grise, sans prétention, mais conservant néanmoins sous cette très simple tenue une distinction extrême. Le plus âgé, qui ne devait pas avoir dépassé la trentaine, possédait une très haute taille, mince et souple, et une tête énergique et vigoureuse, aux traits irréguliers. Son compagnon, plus jeune et plus petit, aussi blond qu'il était brun, avait un frais et joyeux visage orné d'une superbe moustache légèrement fauve.

Isabelle n'était plus qu'à quelques pas de ces inconnus lorsqu'elle leva vers eux son regard distrait et indifférent. Deux grands yeux bruns, profonds et étrangement pénétrants, se posèrent sur elle l'espace d'une seconde... Les étrangers se rangèrent le long du sentier en soulevant leur chapeau, et Isabelle passa avec une brève inclination de tête.

Elle traversa le petit pont pittoresquement enguirlandé qui donnait directement dans le jardin de Maison-Vieille... un étrange jardin au sol bossué, parsemé d'éminences, de blocs granitiques, de racines d'arbres semblables à de longs serpents. D'étroits petits sentiers zigzaguaient à travers les herbes folles, les plantes sauvages et les fraisiers en fleurs, parmi les arbres capricieusement dispersés dans cet enclos, et les rares planches de légumes éparses çà et là affectaient elles-mêmes des formes bizarres et tourmentées.

Sous le couvert des arbres touffus, le jour demeurait assombri, et une fraîcheur extrême régnait dans le jardin sauvage et triste à peine animé de quelques chants d'oiseaux... La cour au pavé moussu qui s'étendait devant la maison, le puits sculpté dont la margelle s'effondrait lamentablement, la façade noire et lézardée, tigrée de lichens, les étroites fenêtres à petits carreaux verdâtres donnaient l'impression de quelque chose de très lointain et d'étrangement archaïque... impression que ne démentait pas l'apparition, sur le seuil de la cuisine, d'une servante maigre et ridée dont le sévère visage s'encadrait d'une cornette monacale.

– Suis-je en retard, Rosalie ? demanda Isabelle tout en passant devant la vieille femme qui s'était reculée.

– Je ne crois pas, mademoiselle...

– Mais si... mais si... cinq minutes de retard ! dit la voix maussade de Rose.

La cuisinière déjeunait tranquillement, assise à une énorme

table de chêne bruni, bien assortie aux dimensions superbes de cette antique cuisine.

– Non, trois minutes seulement, déclara Martin qui lui faisait face. Madame ne s'en sera même pas aperçue.

– Ah ! vous croyez ça !... Madame s'aperçoit de tout, ce n'est pas à moi à vous l'apprendre, Martin. Aussi vous n'avez qu'à vous dépêcher, mademoiselle, si vous ne voulez pas attraper un bon sermon... Après tout, c'est assez mérité quand on va se promener à pareille heure.

Le ton était impoli et désagréable, selon la trop fréquente habitude de Rose... Les beaux sourcils d'Isabelle se froncèrent brusquement, mais elle ne prononça pas une parole et continua à préparer sur un plateau le déjeuner matinal de madame Norand. En se dirigeant vers la porte, elle s'arrêta près de Rosalie qui rangeait des assiettes dans le vaisselier.

– La Verderaye est-elle donc habitée ? demanda-t-elle de sa voix paisible et indifférente.

– Oui, mademoiselle, depuis un mois. Elle a été achetée par un monsieur de Paris... M. Brennier, je crois. Il était malade là-bas et les médecins lui ont conseillé l'air de la campagne. Alors il est venu ici... Il y a beaucoup d'enfants.

Elle se tut et se remit à sa besogne. Tant de paroles à la suite étaient rarement sorties de cette bouche taciturne et Rosalie jugeait sa jeune maîtresse suffisamment renseignée.

Isabelle traversa le sombre vestibule et entra dans une petite galerie éclairée par trois fenêtres longues et étroites, aux vitraux sertis de plomb. Dans l'embrasure profonde de l'une d'elles était posé le bureau devant lequel madame Norand se tenait assise... La robe de chambre en flanelle violet évêque qui enveloppait son corps robuste, accentuait encore son ordinaire apparence de majesté sévère. Dans cette galerie décorée d'antiques tapisseries et de quelques meubles du plus pur style gothique, éclairée par le jour assombri tombant des vitraux, elle semblait une altière et intrépide châtelaine des temps passés.

Sans cesser d'écrire, elle répondit brièvement au froid et correct bonjour d'Isabelle... La jeune fille se mit à préparer le

21

café sur une petite table voisine, ainsi qu'elle le faisait chaque matin ; mais, tandis qu'elle demeurait immobile devant l'appareil en attendant l'ébullition de l'eau, aucune parole ne s'échangea entre l'aïeule et sa petite-fille. Isabelle fixait du regard un point de la tapisserie qui lui faisait face. Il y avait là une jeune châtelaine et un seigneur de fière mine agenouillés devant un vénérable évêque à la longue barbe. Celui-ci les bénissait, tandis qu'au-dessus de leurs têtes pleuvaient des fleurs lancées par un vol d'anges aux blanches ailes... Ces personnages aux formes archaïques et aux nuances passées étaient bien connus de la jeune fille qui s'était toujours placée à cet endroit pour remplir chaque matin son office, mais elle n'en continuait pas moins à les regarder avec une attention soutenue. Peut-être y trouvait-elle une fugitive révélation de quelque chose d'inconnu, de très différent de ce qui avait été sa vie jusqu'ici. La pâle et mélancolique Isabelle se demandait sans doute quel sentiment animait la gracieuse châtelaine dont le fin visage, extasié, se levait vers l'évêque, tandis que sa main s'unissait à celle du jeune seigneur, son époux.

Le brun et odorant liquide était prêt, tout fumant dans une tasse de Saxe, près des rôties beurrées et d'une coupe remplie de petites fraises au parfum délicieux... Isabelle, emportant l'appareil à café, se dirigea vers la porte... mais une voix impérieuse l'arrêta soudainement sur le seuil.

– Vous étiez en retard... À quoi cela tient-il, Isabelle ? demanda madame Norand en se retournant légèrement.

– J'étais allée jusqu'à la chapelle... Je croyais être rentrée à temps, dit brièvement la jeune fille, sans se départir de son calme.

– Vous croyiez ?... Cela ne suffit pas, et vous savez que je tiens essentiellement à l'exactitude. Désormais, je vous défends de sortir à cette heure, qui est celle du travail.

Elle indiqua d'un geste à la jeune fille qu'elle pouvait s'éloigner, puis, se ravisant, elle dit en posant sur elle son regard froid et scrutateur :

– Et qu'avez-vous fait à Saint-Pierre ?... Vous êtes-vous

souvenue de ma défense de l'année dernière ?

– Non, grand-mère.

Les yeux d'Isabelle, pleins d'un calme étrange, ne se baissaient pas devant le regard sévère qui semblait vouloir plonger jusqu'au fond de son être.

– Non !... Vous avez recommencé à devenir inactive, rêveuse, ainsi que je vous ai surprise une fois l'année précédente ?... Si jamais ceci se renouvelle, Isabelle, je mesurerai sévèrement vos promenades, car je ne tolérerai à aucun prix que vous demeuriez un instant oisive.

On n'aurait pu discerner la moindre émotion sur l'impassible visage d'Isabelle, tandis qu'elle quittait la galerie et montait l'antique escalier à balustrade ornée de sculptures naïves. Elle entra dans une grande chambre sombre, meublée d'armoires à ferrures, de crédences sculptées, boiteuses et rongées par les vers, et d'un immense lit à baldaquin dans lequel disparaissait la maigre personne de mademoiselle Bernardine.

– Ah ! te voilà enfin ! gémit la petite voix enfantine. Oh ! Isabelle, que cette chambre est triste, sombre et effrayante !... Comment madame Norand peut-elle aimer cette demeure ?

Isabelle se pencha pour recevoir le baiser de sa tante... Elle demeura un instant près d'elle, répondant un peu distraitement à ses questions sur les rats, chauves-souris et autres habitants de ce genre qui ne pouvaient manquer d'avoir élu domicile dans la vieille maison.

– Et ce torrent !... Quel bruit effrayant, Isabelle ! Comment peut-on dormir ainsi ?

– Vous vous y habituerez, ma tante, je vous assure... Allons, je vous quitte, car mon ouvrage m'attend. Tenez, voilà Mélanie qui vient me chercher pour faire la chambre de grand-mère.

– Déjà !... Reste encore un peu, Isabelle, la chambre se fera plus tard aujourd'hui, dit mademoiselle d'Effranges d'un ton suppliant. J'ai mal dormi, je me sens souffrante ce matin...

– C'est impossible, ma tante... vous savez bien que cela ne m'est pas permis, dit doucement Isabelle en lui serrant la main.

Je reviendrai tout à l'heure... pour faire votre chambre, et je vous apporterai à déjeuner. Cela fait partie de mes attributions, conclut-elle d'un ton paisible, où perçait cependant une légère amertume.

Et Isabelle alla commencer sa journée de travail, prenant pour elle la plus grande partie du ménage que n'aurait pas pu accomplir la vieille Mélanie. En bas, Rose, agacée par ses rhumatismes tenaces, la réclamait à grands cris pour la préparation du déjeuner, que madame Norand exigeait très soigné... L'après-midi et la soirée se passèrent au milieu de piles de linge à raccommoder. Mille détails, négligés par les vieux domestiques, incombaient en outre à Isabelle, de même que tous les comptes de la maison... Avec de telles occupations, imposées par une volonté tyrannique, et non consenties librement par un sentiment de devoir ou d'affection, sans la moindre envolée hors de ce cercle monotone, Isabelle devait avoir bientôt atteint le but rêvé par sa grand-mère : le total dépouillement du moi intime pour devenir une automate, une femme d'intérieur perfectionnée... sans cœur et sans âme.

III

Le soleil frappait la masse bouillonnante du torrent. Sous cette éclatante lueur, l'eau se moirait de plaques étincelantes, reflétait des scintillements irisés, les escarpements de granit sombre se doraient, les pervenches et les myosotis levaient joyeusement leurs corolles bleues, et les mousses, les humbles mousses plaquées sur le roc aride et toutes mouillées de rosée, se couvraient d'une royale parure.

À travers les ramures du grand châtaignier, des filets de lumière venaient rayer les murs gris de la chapelle gothique et se jouaient sur la chevelure d'Isabelle, sur ses mains actives occupées à réunir les diverses pièces d'un corsage. Elle y mettait une extrême application, et, très évidemment, aucune pensée étrangère ne venait l'en distraire. Madame Norand pouvait se rassurer... Oui, Isabelle ne songeait vraiment qu'à ce corsage...

Elle se leva soudainement, laissant tomber les morceaux d'étoffe qui s'éparpillèrent sur le sol humide... Ses mains se froissèrent l'une contre l'autre et ses grands yeux se levèrent, empreints d'une angoisse déchirante. Une flamme de vie et de passion éclairait cet impassible visage... flamme fugitive, car il reprit instantanément son calme accoutumé. La jeune fille se rassit et réunit paisiblement les matériaux de son travail épars autour d'elle. Ce souffle de douleur, traversant subitement son âme, n'avait laissé aucune trace sur sa physionomie.

Mais elle s'arrêta encore, prêtant l'oreille à un bruit de voix enfantines que dominait, par intervalles, un organe masculin extrêmement vibrant... Et une troupe d'enfant déboucha soudain du sentier, à la droite d'Isabelle. Il y en avait de tous les âges, depuis un bébé porté par la grande jeune fille entrevue un jour à travers la palissade de la Verderaye, jusqu'à une svelte et vive fillette de quinze ans qui accourait en faisant flotter au vent ses longues nattes blondes. Cette dernière s'arrêta en apercevant la jeune fille assise près de la chapelle, ce qui permit aux autres de

25

la rejoindre. Parmi eux se trouvait le plus âgé des deux jeunes gens rencontrés par Isabelle quelques jours auparavant. À chacune de ses mains était pendu un enfant... un délicieux petit garçon de trois ans, aux longues boucles blondes, et une petite fille un peu plus âgée.

Tous s'arrêtèrent, évidemment surpris et embarrassés... Une ombre de contradiction s'était étendue sur le visage d'Isabelle. Elle rassembla les différentes pièces de son ouvrage, les glissa dans un sac et s'éloigna tranquillement, sans affectation.

Elle alla s'asseoir un peu plus bas, sur une pierre sculptée posée à l'extrême bord de la falaise. Ces sculptures naïves étaient, disait-on, l'œuvre d'un humble pâtre... Un siècle plus tard, une dame d'Abricourt, coupable de nombreux crimes et accusée de magie, se précipitait de là dans le torrent pour échapper au bûcher qui l'attendait immanquablement. Depuis lors une mauvaise renommée, encore augmentée, par le voisinage de la chapelle hantée, en tenait superstitieusement éloignés les paysans.

Isabelle s'était remise au travail, sans songer peut-être qu'un brusque mouvement pouvait la précipiter dans le gouffre écumant. Un large bloc de granit la cachait aux regards des étrangers dont elle entendait cependant les voix et les rires joyeux... Les sourcils de la jeune fille demeuraient froncés et sa physionomie avait pris une expression singulièrement amère.

Elle eut un tressaillement de stupeur en apercevant tout à coup près d'elle le petit garçon blond qui la regardait avec une curiosité timide... Ce bébé avait la plus ravissante petite tête qui se pût imaginer, et il souriait d'une façon si charmante qu'Isabelle demeura à le contempler. Quelque chose d'attendri, de très doux, avait soudain illuminé sa pâle et grave physionomie.

L'enfant se détourna tout à coup et se rapprocha du bord de la falaise... Un frémissement de crainte agita Isabelle, et, involontairement, ces mots s'échappèrent de ses lèvres tremblantes :

– N'allez pas là, mon mignon, vous pourriez tomber.

Le petit tourna vers elle ses grands yeux bleus.

– Je veux la fleur ! dit-il d'un ton volontaire.

Et, avant qu'Isabelle eût pu faire un mouvement, il se penchait pour cueillir une jonquille dont la corolle jaune s'épanouissait au revers de la falaise. Mais son petit bras était trop court... Isabelle se leva vivement, bien que ses jambes fussent fléchissantes de terreur, et s'élança vers lui. Sa main le saisit brusquement par sa petite robe, au moment où il allait glisser dans l'abîme...

Mais l'étoffe, un peu mûre sans doute, céda subitement. Dominant une épouvantable angoisse, Isabelle réussit à saisir le bras de l'enfant, au risque de choir avec lui dans le gouffre, mais son mouvement avait été si brusque qu'elle alla tomber en arrière, tenant le bébé pressé contre elle. Sa tête heurta un objet dur, elle ressentit une vive douleur... puis elle perdit la notion de ce qui l'entourait.

En revenant à elle, Isabelle vit toute la tribu enfantine, surprise et effrayée, rangée en cercle autour d'elle... Un peu plus loin, les grands yeux bruns qu'elle avait aperçus un jour la regardaient avec émotion, et, tout près d'elle, la fillette aux longues nattes, agenouillée, lui présentait un flacon de sels.

– Elle ouvre les yeux, Danielle ! dit-elle joyeusement. Respirez encore un peu ceci, mademoiselle, pour vous remettre tout à fait.

Isabelle obéit docilement... En reprenant complètement ses sens, elle s'aperçut que sa tête était soutenue par la grande jeune fille dont le visage inquiet et très ému se penchait vers elle. Instinctivement, Isabelle sourit pour la rassurer et essaya de se soulever... Mais une douleur derrière la tête l'arrêta net.

– Qu'ai-je donc ? demanda-t-elle avec surprise.

– Une petite blessure sans aucune gravité. Vous êtes tombée sur une pierre très aiguë, expliqua la jeune fille. Nous avons bandé sommairement cette plaie, mais, si vous le voulez bien, nous allons rentrer pour vous confier aux soins de ma sœur aînée, qui fera les choses dans toutes les règles, et vous donnera un cordial dont vous avez besoin... Je suis Danielle Brennier, la seconde fille du nouveau propriétaire de la Verderaye. Voici ma sœur cadette, Henriette... mon cousin, M. Arlys, avocat au barreau de Paris... C'est à vous que nous devons la vie de notre petit Michel et nous ne l'oublierons jamais, ajouta-t-elle d'une voix tremblante d'émotion. Sans vous... ô ciel !

Elle s'interrompit en frissonnant, et la même angoisse rétrospective altéra subitement la noble et énergique physionomie de M. Arlys.

— Vous êtes une vaillante personne, dit-il d'une voix chaude et profonde. Bien peu auraient eu votre sang-froid et votre parfait oubli de vous-même, mademoiselle.

Elle ferma à demi les yeux avec un geste de lassitude. Ainsi étendue, son blanc visage sans expression entouré des flots de sa chevelure argentée, dénouée par sa chute, elle semblait une jeune morte, d'une beauté glacée.

— Qu'est-ce que la vie ?... Vaut-elle la peine que je fasse un pas pour la conserver ? murmura-t-elle à voix basse avec un accent de paisible désespérance.

Danielle et son cousin tressaillirent douloureusement, et leur regard compatissant se posa sur le beau visage si étrangement calme.

— Notre vie ne nous appartient pas, et nous avons le devoir de la conserver autant que nous le pouvons, dit gravement le jeune avocat. Mais, Michel, tu n'as pas remercié mademoiselle.

Il se tournait vers l'enfant qui demeurait assis sur l'herbe, ses beaux yeux fixés sur Isabelle. Le petit était fort paisible, et, très évidemment, ne s'était pas ému du danger couru par lui... Mais en voyant M. Arlys se pencher vers lui en lui tendant la main, il se leva et le suivit sans hésiter près de la jeune fille. Les belles prunelles violettes d'Isabelle l'enveloppèrent d'un regard attendri.

— Dis merci à mademoiselle et demande-lui la permission de l'embrasser, ordonna doucement Danielle.

Deux petits bras se nouèrent aussitôt autour du cou d'Isabelle et le charmant visage de Michel se trouva près des lèvres de la jeune fille, qui s'y posèrent tendrement. Une claire petite voix criait en même temps un « merci » retentissant – relativement à la taille de Michel.

– Qu'il est gentil ! murmura Isabelle dont la pâle physionomie s'était soudainement éclairée.

– Oui, quand il ne désobéit pas, comme tout à l'heure, dit M. Arlys en enlevant Michel entre ses bras. Mais ne partons-nous pas, Danielle ?

L'émotion de sa chute, sa blessure, jointes à son habituel état de langueur, rendaient Isabelle faible et brisée. Pour un instant, le corps avait raison de l'énergie indomptable – et insoupçonnée – de cette âme de jeune fille... car, en un autre temps, elle n'eût jamais accepté de se rendre dans une maison étrangère sans l'autorisation de madame Norand... Et voici que maintenant, sans avoir eu la pensée de résister, elle se trouvait appuyée au bras de M. Arlys qui la soutenait fortement. À sa gauche marchait Danielle, portant le dernier bébé ; devant couraient Henriette et les enfants, envoyés pour prévenir à la Verderaye.

Isabelle entra dans cette demeure étrangère par la porte familiale – une étroite petite porte pratiquée dans la palissade, sur le sentier du torrent. Dans le jardin, le monsieur aux cheveux gris, entrevu un matin sur la terrasse, s'avançait en compagnie d'une jeune personne grande et forte comme Danielle... Et, en la voyant approcher, Isabelle constata qu'elle lui ressemblait également de visage. Elle avait les mêmes traits un peu forts, les mêmes beaux yeux noirs, rayonnants de bonté et de franchise, et aussi une épaisse chevelure châtain foncé. Mais Danielle possédait de fraîches couleurs, annonçant une santé vigoureuse, elle semblait vive et gaie, et quelques nœuds mauves éclaircissaient sa simple robe de laine grise... La jeune personne qui s'avançait avait des nœuds noirs, un visage pâle, déjà marqué de quelques rides, et une gravité mélancolique dans son beau regard pénétrant.

– Mon père... Antoinette, ma sœur aînée, dit la voix claire de Danielle.

Isabelle se vit entourée, remerciée avec effusion. Un peu étourdie, elle souriait doucement, assez surprise, sans doute, de se voir comptée pour quelque chose... Antoinette la conduisit dans un grand parloir clair et très simple où elle se mit à panser la blessure avec dextérité.

– Quelques soins, et il n'y paraîtra bientôt plus, déclara-t-elle. Danielle, le cordial, s'il te plaît.

Après avoir bu, Isabelle se leva, en disant qu'elle ne pouvait demeurer plus longtemps. Sa grand-mère serait mécontente... Elle n'osa dire inquiète.

– Je vais vous accompagner, si vous le permettez, proposa Antoinette. Vous êtes un peu ébranlée par cette secousse et le chemin est dangereux.

Isabelle n'osa refuser, mais elle se demanda avec un peu d'angoisse quel serait l'accueil de sa grand-mère... Elle suivit Antoinette dans le vestibule, où un groupe entourait Michel, tandis que Danielle faisait le récit de l'évènement à deux nouveaux arrivés : le jeune homme blond qu'Isabelle avait rencontré avec M. Arlys, et une jeune fille extrêmement jolie, dont les yeux bruns doux et singulièrement lumineux enveloppèrent Isabelle d'un sympathique regard.

– Encore une présentation à faire ! s'écria gaiement Antoinette. Ma sœur Régine, la cadette de Danielle, et mon frère Alfred, sous-lieutenant d'infanterie.

– Et tous deux vous remercient sincèrement, mademoiselle, dit Régine en lui tendant la main.

Elle possédait une voix charmante, très musicale, dont la séduction était encore augmentée en cet instant par une émotion très vive.

– Oh ! je vous en prie, pas de remerciements !... Je suis trop heureuse d'avoir évité un sort si affreux à ce pauvre petit ! dit Isabelle avec une chaleur qui la surprit sans doute elle-même, car une très légère rougeur envahit son teint blanc.

Elle serra les mains qui lui étaient tendues et suivit Antoinette qui avait décroché un chapeau de jardin et l'assujettissait sur sa tête... Sur la terrasse, M. Arlys se promenait, les bras croisés. Il s'arrêta en apercevant sa cousine et la jeune étrangère, dont la tête était entourée d'un châle de dentelle appartenant à Danielle.

– As-tu bien mis mademoiselle d'Effranges au courant des soins à donner à sa blessure ? dit-il avec un demi-sourire, en s'adressant à Antoinette. Il faut que vous sachiez, mademoiselle, que ma cousine est le médecin préféré de sa famille, et aussi des pauvres.

– C'est cela, fais de moi une doctoresse, dit Antoinette.

Un sourire éclairait son visage sérieux, lui donnant un attrait particulier, une apparence plus jeune... car elle devait avoir atteint, sinon dépassé la trentaine.

– Nous accompagnes-tu, Gabriel ?

Il s'inclina en signe d'assentiment et prit son chapeau déposé sur une table... Ils marchèrent d'abord en silence, le long du torrent grondeur. Isabelle, un peu lasse, avançait lentement.

– Êtes-vous déjà venue plusieurs fois dans ce pays ? demanda Antoinette à sa jeune compagne.

– Oui, deux fois déjà. Nous quittons Paris au mois de mai pour ne rentrer qu'en novembre.

– Ah ! vous êtes de Paris ! Nous aussi... Et ne regrettez-vous pas de le quitter ?

– Non, pas du tout... J'aime mieux la campagne... quoique, après tout...

Elle eut un geste de profonde indifférence, tandis qu'une indicible mélancolie s'étendait sur son beau visage.

– ... L'un ou l'autre, au fond, cela revient au même pour moi, reprit-elle d'une voix paisible. Seulement, ici, j'ai au moins le spectacle de la nature si belle, si sauvage et si douce à la fois, tandis qu'à Paris... rien, rien que l'ennui perpétuel, accablant ! murmura-t-elle d'un ton morne.

– L'ennui !... Comment cela peut-il se faire ? s'écria Antoinette avec une intense surprise. Ne pouvez-vous rien pour vous distraire ?

– Non, cela ne m'est pas permis, répondit-elle brièvement.

Elle rencontra tout à coup le regard profond de Gabriel Arlys, empreint en cet instant d'une sympathique compassion, et le pli amer de sa bouche se détendit un peu.

– Je vous étonne, monsieur ? dit-elle tranquillement. Vous ne connaissez peut-être pas l'ennui ?

– Si, parfois, mademoiselle. Il y a des heures sombres, des événements décourageants, ou d'étranges lubies de notre pauvre cervelle... Mais cela passe, bien vite même, si nous savons demeurer unis à Dieu et implorer son secours.

– Dieu ?... murmura pensivement Isabelle. J'en ai entendu parler, mais je ne le connais pas.

Un léger cri de stupéfaction douloureuse échappa à Antoinette, tandis que dans les yeux bruns de Gabriel la pitié se faisait plus intense et plus triste.

– Oh ! ma pauvre enfant !... Je ne m'étonne plus si vous succombez sous le fardeau ! dit la voix émue d'Antoinette. Ainsi, vous n'avez reçu aucune éducation chrétienne ?... vous n'avez pas été baptisée ?

– Je ne crois pas... je n'en sais rien... Mais cela empêcherait-il ma vie d'être triste et si longue... si longue !

– Certes !... Tout ce que nous faisons pour Dieu est doux et agréable, quelque pénible que soit la chose en elle-même.

– Et vous pouvez en croire Antoinette, mademoiselle, dit gravement Gabriel, car elle a souffert, et beaucoup souffert. Cependant, elle ne se plaint pas...

Ils avaient atteint le petit pont de Maison-Vieille, et Antoinette refusa d'aller plus loin, prétextant sa toilette de maison.

– Nous viendrons un autre jour, un peu plus en cérémonie, pour nouer connaissance avec madame Norand, si elle le permet... Au revoir donc, et soignez bien votre blessure.

Elle lui serra chaleureusement la main, Gabriel s'inclina profondément et ils s'éloignèrent... Après avoir traversé le pont, Isabelle s'adossa à un arbre et les regarda jusqu'à ce qu'ils eussent disparu dans le jardin de la Verderaye... Un profond soupir souleva sa poitrine et, à pas très lents, elle se dirigea, à travers le jardin inculte, vers la sombre maison... Oh ! oui, combien sombre et austère, surtout en venant de la Verderaye, gaie, animée, hospitalière !

Dans la cour, madame Norand donnait des instructions à Rosalie. Isabelle, d'un mouvement résolu, vint se placer en face de sa grand-mère qui recula avec une légère exclamation.

– Que vous est-il arrivé, Isabelle ? dit-elle d'un ton où se pouvait discerner un peu d'inquiétude.

En quelques mots brefs, la jeune fille la mit au courant de ce qui s'était passé... Un grand pli de mécontentement se forma sur le front de madame Norand, et son regard scrutateur se plongea dans les yeux impénétrables de sa petite-fille.

– Peut-être auriez-vous pu éviter cela, Isabelle, dit-elle d'un ton glacial. Vous connaissez mes idées relativement aux relations que vous devez avoir, et il me déplaît extrêmement que vous ayez ainsi fait connaissance avec ces inconnus, trop voisins, beaucoup trop voisins... Enfin, j'irai demain les remercier de leurs soins. Si ces jeunes personnes sont simples et sérieuses, peut-être vous permettrai-je de les voir de loin en loin... Sinon, tout se bornera là. Mettez-vous bien cela en tête, Isabelle.

Une expression inquiète et soucieuse se lisait dans les yeux d'Isabelle tandis qu'elle montait à sa chambre. Elle connaissait assez le rigorisme de sa grand-mère pour craindre un jugement défavorable sur les demoiselles Brennier. Certes, elles semblaient extrêmement simples, laborieuses, femmes d'intérieur parfaites... et pourtant, combien elles étaient différentes des insignifiantes créatures que madame Norand avait voulu lui imposer comme amies !... Ses amies, ces pauvres têtes creuses, poupées dressées au rôle de femmes de ménage, comme d'autres le sont à celui de mondaines... ces jeunes filles niaises ou fausses, sans cœur et sans esprit !... Jamais elle ne les avait acceptées comme telles, et si elle les voyait parfois, c'était pour

33

obéir à la volonté tyrannique de sa grand-mère. Mais à la Verderaye...

Et, tout en ourlant consciencieusement une pile de serviettes, Isabelle revit défiler devant elle les figures entrevues tout à l'heure, les jolis enfants si gais, le père au regard indulgent et doux, la charmante Régine aux grands yeux purs, Danielle et Alfred, qui semblaient la gaieté de la famille, la grave Antoinette, si bonne, M. Arlys, dont il lui semblait encore sentir sur elle le regard ému et triste... Ces gens-là ne souffraient-ils pas comme les autres... comme elle ?

Mais si, un passé d'épreuves se lisait sur le visage flétri avant l'âge d'Antoinette Brennier, sur le front de Gabriel, traversé de quelques rides précoces. Alors, pourquoi n'étaient-ils pas, comme elle, las, anéantis, désespérés ?... Ils possédaient donc quelque chose qu'elle n'avait pas, ils se trouvaient soutenus par une force inconnue d'elle ?

Et, les récentes paroles de M. Arlys lui revenant à l'esprit, elle murmura :

– Dieu ?... Peut-être ?...

IV

Mademoiselle Bernardine, assise dans un coin abrité de la cour, avait abandonné son ouvrage pour savourer sa tasse de thé de cinq heures – habitude invétérée chez elle et non question de snobisme, car la bonne demoiselle, renfermée jusque-là dans son solitaire castel berrichon, n'avait aucune idée du mondain five o'clock et de ses mille raffinements. C'était néanmoins pour elle une satisfaction dont elle aurait eu peine à se passer, et Isabelle ne manquait jamais d'y pourvoir avec ponctualité.

La jeune fille apparaissait en cet instant sur le seuil de la cuisine. Sa chevelure un peu en désordre autour du bandeau entourant sa tête, son corsage couvert de poussière, le grand tablier dont elle s'enveloppait annonçaient qu'elle sortait d'un grand nettoyage... Elle s'avança vers sa tante et posa sur la table une assiette de gâteaux.

– Je n'arrive pas trop tard, ma tante ?... Non, vous avez encore un peu de thé... J'ai pensé tout d'un coup à ces gâteaux et je suis redescendue.

– Il ne fallait pas te déranger, ma petite, j'avais pris un peu de pain... Mais tu es donc en grand travail, aujourd'hui ?

– Oui, j'aide Rosalie à nettoyer la galerie pendant que grand-mère est sortie. Il y a une poussière incroyable sur tous ces livres et des amas de toiles d'araignée derrière les meubles. Mais nous avons à peu près terminé... heureusement, car grand-mère va revenir et c'est son heure de travail.

– Ah ! c'est vrai, elle est sortie. Je ne me rappelais plus. Elle est à la Verderaye ?

Isabelle inclina affirmativement la tête... Involontairement, son regard se tourna vers la maison grise, cachée à ses yeux par les arbres et les fourrés du jardin.

– Pourvu que ces jeunes filles lui plaisent !... Ce serait une distraction pour toi, Isabelle.

– Vous savez bien que je ne dois pas avoir de distraction, ma tante... ou, ce qui revient au même, la distraction aussi doit être un devoir pour moi... Oui, des devoirs, rien que des devoirs, voilà la vie, paraît-il, dit-elle d'un ton bref et amer.

Elle se recula un peu et s'appuya contre la maison, aplatissant sans pitié les fleurs délicates du jasmin qui garnissait la façade... Mademoiselle Bernardine se mit à grignoter paisiblement un gâteau, en s'interrompant pour boire son thé à petites gorgées. Cette vieille fille placide et bornée ne se doutait aucunement que des souffrances profondes pussent exister autour d'elle... Mais, au fait, la jeune fille qui se tenait là, immobile et les yeux baissés, possédait sans doute un cœur parfaitement calme et froid, à en juger d'après sa physionomie.

– J'entends marcher dans le jardin, dit tout à coup Isabelle en prêtant l'oreille.

Elle fit quelques pas et retint une exclamation de surprise. Du couvert des arbres sortait madame Norand, suivie d'Antoinette Brennier. Celle-ci s'avança vivement et tendit la main à Isabelle avec un gracieux sourire.

– Je voulais juger par moi-même de l'état de notre vaillante blessée, et madame votre grand-mère, devinant ce désir, m'a demandé de l'accompagner... Voyons cette mine... Un peu pâle encore. Et la blessure ?

– Elle va aussi bien que possible, mademoiselle, dit Isabelle dont le visage s'était légèrement éclairé. Vous vous entendez à soigner les blessés.

– C'est là une science que je voudrais vous voir acquérir, Isabelle ; elle fait partie de la solide instruction qui devrait être donnée aux femmes, dit la voix brève de madame Norand.

– Je puis faire profiter mademoiselle d'Effranges de mon petit savoir en cette matière, si vous le permettez, madame, proposa Antoinette.

La conversation continua un instant sur ce sujet. Mademoiselle Brennier, après avoir été présentée à mademoiselle Bernardine, avait accepté de s'asseoir un moment. Tout en causant, son regard sérieux et scrutateur ne quittait guère le visage d'Isabelle. La jeune fille parlait très peu et ne se départait pas de son attitude singulièrement paisible et réservée.

Antoinette prit congé de ses nouvelles connaissances en parlant de projets de relations suivies avec Isabelle, contre lesquels ne se récria pas madame Norand... Isabelle accompagna mademoiselle Brennier jusqu'au pont. En lui pressant la main, Antoinette dit avec douceur :

– Je serai à votre disposition lorsque vous voudrez apprendre quelques notions de médecine... et aussi, ma chère enfant, pour mettre quelque distraction dans votre existence nécessairement un peu sombre. Au milieu de la jeunesse, vous reprendrez de l'entrain, de la gaieté, de fraîches couleurs...

– Mais non, cela ne se doit pas, dit la voix calme d'Isabelle. J'irai chez vous pour obéir à ma grand-mère, pour apprendre à soigner les malades... C'est chose utile, cela. Mais m'amuser... oh ! non ! Ce serait sans doute la première fois de ma vie. Je dois travailler sans cesse et m'ennuyer toujours... Qu'est-ce que je dis ?... Je ne dois jamais m'ennuyer, au contraire... Cela est aussi prescrit, fit-elle d'un ton saccadé, un peu rauque.

La main que tenait Antoinette tremblait légèrement, mais c'était là le seul signe d'émotion que l'on pût discerner chez Isabelle.

– Ma pauvre enfant ! murmura Antoinette avec une indicible pitié, une intonation profondément douce et caressante.

Elle serra fortement la petite main de la jeune fille et s'éloigna vers la Verderaye.

Isabelle s'appuya contre un arbre. Ses lèvres tremblaient un peu et son habituelle impassibilité semblait avoir fléchi un instant devant cette compassion affectueuse... Mais elle passa brusquement la main sur son front et revint rapidement vers la maison.

Madame Norand se trouvait encore dans la cour et lui fit signe d'approcher.

– Cette famille Brennier me paraît extrêmement sérieuse et pratique, dit-elle avec sa froideur ordinaire. Je puis vous autoriser à la voir quelquefois, à défaut de vos amies de Paris. Mais souvenez-vous, Isabelle, que ces relations doivent avoir un but utile et qu'elles seraient inexorablement suspendues si je remarquais en vous quelque tendance à la mondanité ou à la rêverie.

Il fallait que les habitants de la Verderaye fussent singulièrement simples et laborieux pour contenter ainsi la sévérité de madame Norand... Et, de fait, son impression s'expliquait aisément. En entrant inopinément et sans façon dans le jardin, elle avait trouvé Régine et Henriette occupées à enlever l'herbe des allées. En pénétrant dans le vestibule à la suite de Régine, elle s'était heurtée à Danielle qui sortait de la cuisine, les mains pleines de la pâte qu'elle pétrissait... Et enfin, introduite dans le parloir, elle avait été accueillie par Antoinette en train de calmer Roberte, le dernier bébé, pendant que M. Brennier surveillait les exercices d'écriture de Xavier, un pâle garçonnet de sept ans... Tout s'était réuni pour offrir aux yeux de madame Norand l'image d'une famille idéale.

Isabelle s'éloigna dans la direction de la cuisine. Sa démarche semblait un peu plus vive qu'à l'ordinaire et ses mouvements avaient moins de langueur tandis qu'elle s'occupait à préparer le dîner. La vieille Rosalie, qui l'observait du coin de l'œil, murmura entre ses dents :

– Qu'a donc notre demoiselle ? Elle semble un peu plus vivante, aujourd'hui.

Quelques jours plus tard, M. Brennier et ses quatre filles aînées vinrent rendre leur visite à Maison-Vieille. Les personnages de la tapisserie durent contempler avec stupeur cette irruption de jeunes et souriants visages dans la galerie austère où, depuis longtemps, ils n'avaient eu sous les yeux que la froide et hautaine physionomie de madame Norand ou la pâle Isabelle aux mouvements de somnambule... La maîtresse du logis accueillit ses nouvelles connaissances avec une certaine amabilité qu'elle ne prodiguait pas indistinctement. Le masque d'énergie glaciale dont elle s'enveloppait semblait se fondre légèrement.

Les jeunes filles, réunies au bout de la galerie, causaient amicalement, ou, pour parler plus exactement, les demoiselles Brennier faisaient les principaux frais de la conversation. Isabelle, tellement habituée à la solitude, sortait difficilement de sa réserve habituelle. Cependant, la douce sympathie d'Antoinette, la gaieté de Danielle et d'Henriette, le charme inexpliqué de Régine finirent par en triompher légèrement.

– Vous savez que Michel ne parle plus que de vous ? dit Danielle en riant. Votre vue a fait sur lui une profonde impression et il a fallu lui promettre votre très prochaine visite pour qu'il se résignât à ne pas nous accompagner... Pauvre Michel, il est tout désorienté ces jours-ci.

– Pourquoi donc ?

– Son cousin chéri, M. Arlys, a été appelé à Paris pour une affaire pressante ; et nous ne savons quand il pourra revenir. Gabriel adore les enfants et ceux-ci ne peuvent se passer de lui. Aussi vous comprenez leur désespoir... Et mon frère Alfred a également rejoint son régiment, n'ayant obtenu qu'un très bref congé. Nous n'avons pu ainsi les présenter l'autre jour à madame votre grand-mère, ce qui a légèrement contrarié notre bon père. Il est très fier de sa famille et tient beaucoup à la voir au complet.

– Vous êtes très nombreux, en effet.

– Dix... Cinq du premier mariage de mon père, cinq du second... et tous gais et bien portants.

– Comment faites-vous ? murmura une voix basse et triste.

– Comment nous faisons ! dit Danielle en regardant Isabelle avec surprise. Mais je ne sais pas trop... je n'ai jamais réfléchi à cela. Je suppose qu'en s'aimant les uns les autres, en s'attachant à remplir ses devoirs le plus correctement possible, on doit atteindre ce but.

– S'aimer ?... Mais quand on ne veut pas ?... dit Isabelle en dirigeant son regard plein d'amertume vers sa grand-mère dont le visage énergique se détachait, là-bas, sous la lueur assombrie tombant d'une fenêtre.

La main d'Antoinette se posa doucement sur l'épaule de la

jeune fille.

– Personne ne peut nous empêcher d'aimer notre prochain, enfant, dit-elle d'un ton bas et pénétrant. Toutes les puissances du monde, celle même de l'autorité maternelle, tombent devant cette parole : Vous aimerez Dieu par-dessus toutes choses, et votre prochain comme vous-même pour l'amour de Dieu.

– Qui a dit cela ? murmura Isabelle.

Les demoiselles Brennier échangèrent un regard navré... La main d'Antoinette s'appuya plus affectueusement sur l'épaule de mademoiselle d'Effranges.

– C'est Dieu... Dieu que vous ne connaissez pas, pauvre chère enfant. Si vous l'aimiez, comme tout changerait pour vous !

– Mais non... vous vous trompez, mademoiselle, dit Isabelle en secouant mélancoliquement la tête. L'amour, quel qu'il soit, ne produit que la souffrance... Ma grand-mère me l'a dit un jour.

– L'amour humain, souvent... l'amour divin, jamais. La souffrance est là toujours, mais elle devient un bonheur pour l'âme qui aime son Dieu, et, à cause de lui, son prochain.

C'était Régine qui prononçait ces paroles d'un ton plein d'une ardeur contenue. Ses beaux yeux bruns étincelaient d'une expression de joie céleste... Elle se leva pour répondre à un appel de son père, et le regard pensif d'Isabelle suivit la belle jeune fille à la taille souple et remarquablement élégante, aux mouvements pleins d'une grâce exquise. Il était impossible de rêver un ensemble plus délicatement harmonieux.

– Oui, regardez-la bien, notre belle Régine, murmura la voix un peu tremblante d'Antoinette. L'année prochaine, vous ne la verrez plus... ou bien, ce sera sous le grossier costume d'une servante... Cela est ainsi, reprit-elle en réponse au regard stupéfait d'Isabelle. Au mois d'avril prochain, elle entrera au noviciat des Petites Sœurs des pauvres.

– Qu'est-ce que cela ? demanda Isabelle.

– Ah ! c'est vrai, j'oubliais... Ce sont des religieuses qui recueillent les vieillards pauvres et se vouent exclusivement à leur service. Elles-mêmes ont fait vœu de pauvreté absolue et leur œuvre ne subsiste que par l'aumône.

– Et... c'est pour toujours ?

– Oui, leurs vœux sont moralement irrévocables. Elles renoncent à tout pour se soumettre à la plus entière obéissance et mener une vie humiliée, mortifiée, semée de sacrifices.

– Mais ce n'est pas passible !... On ne peut choisir volontairement cette existence !

– Certes, ce n'est pas le monde qui la choisirait !... On ne peut le faire que pour Dieu, et c'est le motif qui guide Régine, elle qui a reçu tous les dons de l'esprit et du corps et qui pourrait prétendre à un avenir brillant.

... Ce soir-là, en se livrant à un long et fastidieux travail qu'elle abhorrait, Isabelle s'interrompit tout à coup en se murmurant à elle-même :

– Je n'aurais pourtant jamais choisi cela... ni d'être assujettie, privée de tout et sans affection comme je le suis !... Et elle, qui doit être si heureuse dans sa famille, va tout quitter !... Je ne comprends pas... non, je ne peux pas le comprendre !... Je voudrais connaître ce Dieu qui fait accomplir de tels sacrifices avec le sourire aux lèvres.

41

V

La voix charmeuse de Régine s'élevait dans le silence plein de recueillement. La jeune fille, assise dans un angle de la terrasse, lisant la *Vie de sainte Thérèse*... Devant elle, Antoinette, Danielle et Isabelle travaillaient activement. La physionomie de mademoiselle d'Effranges conservait sa même expression très calme, mais son oreille ne perdait pas une syllabe des mots prononcés par la lectrice. Était-ce seulement l'incontestable séduction de ce timbre musical qui la tenait ainsi attentive ?... ou bien son âme fermée éprouvait-elle quelque curiosité à voir se révéler à elle cette âme de sainte, merveille de grâce divine ?

Des pleurs d'enfant parvinrent tout à coup de la pièce voisine. Antoinette jeta son ouvrage dans une corbeille et quitta la terrasse... Régine interrompit sa lecture et posa le volume sur une table à sa portée.

– Nous continuerons demain, dit-elle en prenant un jupon de grosse laine évidemment destiné à une pauvresse.

Une expression de regret parut sur le visage d'Isabelle.

– Cela est si beau !... Quel admirable caractère ! dit-elle avec un enthousiasme contenu. Je ne soupçonnais pas que de telles âmes pussent exister.

– Le christianisme en compte beaucoup, qui, si elles n'ont pas toutes l'envergure de cette grande sainte, ont été néanmoins dévorées de l'amour divin... Mais Roberte pleure toujours et cette pauvre Antoinette va se fatiguer. Je vais la remplacer un peu.

Elle se leva et disparut à son tour dans la salle. Isabelle demeura un instant songeuse, le regard vaguement fixé sur une allée où s'ébattaient Xavier et Michel.

– Mademoiselle Antoinette est-elle souffrante ?... Elle a l'air très fatigué aujourd'hui, dit-elle tout à coup en se tournant vers Danielle.

– Oui, elle a fort mal dormi cette nuit à cause de cette vilaine petite Roberte qui n'a cessé de crier... Antoinette s'obstine à la garder dans sa chambre au lieu de la confier à l'une de nous. Cela est d'autant moins raisonnable que sa santé est assez faible après tant de tracas et de douleurs... Oui, elle a bien souffert, ma pauvre sœur. À la mort de ma mère, elle avait seize ans et ma sœur Henriette venait d'atteindre ses dix-huit mois. Antoinette, malgré son immense chagrin – car, plus encore que nous tous, elle adorait notre mère – prit aussitôt la direction de la maison, s'occupant des enfants, du ménage et trouvant encore quelques instants à consacrer à mon père. Vous ne vous doutez pas des prodiges de vaillance réalisés par cette sœur chérie pour remplacer près de nous la mère disparue... et bientôt ce fut pis encore. Notre père – pauvre bon père ! – se mit dans l'esprit de se remarier pour donner à Antoinette une aide et un appui. Hélas ! ce fut un fardeau de plus !... Notre belle-mère, très bonne, était d'un caractère faible et nonchalant, souffrante souvent, et non seulement elle ne put jamais s'occuper de nous, mais même près de ses propres enfants Antoinette demeura la véritable mère de famille... Ma belle-mère est morte l'année dernière et mon père, très frappé, tomba malade à son tour. La campagne lui ayant été ordonnée, c'est ainsi que nous sommes arrivés ici dès le mois de mars... Oui, elle a souffert, pauvre Antoinette, privée de tout plaisir, vouée volontairement à une vie de sacrifices. Bien des fois sa main a été sollicitée, mais jamais elle n'a voulu abandonner sa tâche.

– Et elle est cependant sereine et presque gaie, dit Isabelle comme en se parlant à elle-même.

Elle demeura pensive, regardant la ligne sombre de la falaise opposée, tachetée de lichens. Un frêle bouleau, poussé à l'aventure dans une crevasse du roc, agitait ses branches garnies de feuilles pâles. Sur le roc sombre, au milieu de cette nature austère et forte, il semblait étrangement petit, anémié, abandonné, et le vent terrible de la lande devait bien souvent courber ses rameaux maigres, jusqu'au jour où il l'entraînerait dans le cours d'eau bouillonnant qui se ferait un jeu du petit bouleau, le tordrait, le briserait aux aspérités du granit et en précipiterait les débris dans le gouffre insondable où lui-même allait se perdre... Était-ce donc la pensée de ce sort terrible qui mettait cette expression angoissée dans les yeux bleus d'Isabelle, fixés sur le jeune arbre ?

Un aboiement joyeux résonna soudain de l'autre côté de la maison. Isabelle sortit de sa rêverie et Danielle, quittant son ouvrage, prêta l'oreille.

– Ce sont évidemment des amis, l'aboiement de Sélim l'indique, mais je me demande qui peut venir...

Elle descendit les degrés de la terrasse et s'avança vers l'allée qui menait à la cour de devant en contournant la maison... Tout à coup, elle s'élança avec vivacité au-devant de deux personnages qui apparaissaient. Dans l'un deux, Isabelle reconnut Gabriel Arlys. L'autre, un peu plus âgé, de haute et forte stature, possédait un beau visage souriant et sympathique, encadré d'une superbe barbe noire... Danielle leur tendit la main avec des exclamations de surprise joyeuse.

– Que c'est gentil de revenir si tôt, Gabriel... et avec M. des Orelles, encore !

– Oui, mademoiselle, je me suis laissé persuader par cet ensorceleur, dit en riant le jeune homme à la grande barbe. Cependant, je suis fort inquiet, car, enfin, j'ai commis là une incorrection très grave...

– Je prends tout sur moi ! déclara gaiement Gabriel. Allons, Paul, viens avouer ta faute à mon oncle et à Antoinette.

Le premier mouvement d'Isabelle avait été de disparaître sans qu'on s'en aperçût... Cependant lorsque Danielle, M. Arlys et l'étranger arrivèrent sur la terrasse, ils la trouvèrent là, rangeant tranquillement son ouvrage. Elle se tenait debout, appuyée contre la muraille, les traînes d'une clématite entourant sa tête fine. Un charme grave et mélancolique se dégageait de cette blanche physionomie à laquelle les grandes fleurs d'un violet sombre formaient une parure superbe et sévère.

– Mademoiselle Isabelle, je vous présente un de nos anciens et meilleurs amis, M. Paul des Orelles, dit Danielle d'un ton plein d'allégresse.

Elle semblait extrêmement satisfaite et ses fraîches couleurs s'avivaient sous l'empire d'une émotion joyeuse.

– ... Monsieur Paul, voici mademoiselle d'Effranges, notre voisine, dont Gabriel vous a peut-être parlé.

Elle se tournait vers son cousin d'un air interrogateur. Gabriel s'était arrêté au bas de la terrasse, contemplant le tableau inattendu qui charmait sans doute ses instincts d'artiste... Il tressaillit légèrement et, montant les degrés, s'inclina devant Isabelle dont la raideur habituelle sembla quelque peu fléchir en lui répondant.

– J'ai en effet raconté à mon ami combien mademoiselle d'Effranges possédait de sang-froid et de courage, dit-il en souriant. Nous y penserons toujours en voyant notre petit Michel, puisque, sans elle, nous n'aurions plus ce mauvais petit diable... Ne vous êtes-vous pas ressentie de cette secousse et de votre blessure, mademoiselle ?

Elle leva vers lui son calme regard, où, comme un rayon à travers la glace, perçait un lueur d'émotion douce.

– Je dois vous dire que je m'en ressens au contraire chaque jour, dit-elle gravement. Sans cette blessure, je ne serais pas ici, je ne connaîtrais pas les premières heures douces de ma vie... Et à cause de cela je puis bénir la minime souffrance ressentie ce jour-là, murmura-t-elle d'une voix un peu tremblante, tandis que ses grands cils s'abaissaient, voilant doucement son regard.

– Moi aussi, je la bénis, ma chère petite amie ! s'écria Danielle en lui prenant affectueusement la main. Je suis si heureuse de vous avoir connue !... Et si nous pouvions vous donner un peu de joie...

– Gabriel !... dit la voix stupéfaite d'Antoinette.

La petite Roberte entre les bras, elle apparaissait sur le seuil du salon.

– ... Et M. des Orelles aussi ! ajouta-t-elle d'un ton légèrement tremblant.

Quelques couleurs montèrent subitement à son teint pâle et une expression inaccoutumée animait son regard pendant qu'elle tendait la main aux arrivants en répondant avec gaieté à leurs excuses et à leurs questions sur sa santé.

Derrière elle arrivaient M. Brennier et Régine, et Isabelle en profita pour s'éloigner discrètement.

Tout en marchant le long du torrent, elle se répétait que les moments si doux passés à la Verderaye depuis une quinzaine de jours se feraient rares désormais. Les Brennier avaient de nouveaux hôtes, et elle, l'étrangère, n'avait que faire parmi eux... Ces jeunes filles, bonnes et charitables, l'accueillaient par compassion, mais elle savait bien – oh ! comme elle le sentait ! – que nul agrément ne se dégageait de sa froide et insignifiante personne. Elle ne connaissait rien des choses de l'esprit, son intelligence s'était atrophiée par la privation de culture intellectuelle et l'absorption dans les besognes matérielles, et son cœur était froid... si froid !... Les demoiselles Brennier n'oseraient imposer trop souvent l'ennui de sa présence à des hôtes intelligents, car M. Arlys, si bon qu'il parût être, devait regarder avec une compassion un peu méprisante une pauvre créature dénuée de tout, telle qu'elle l'était.

Elle avait cru rencontrer sur sa route aride une fraîche oasis où elle aurait trouvé quelques instants de repos, un peu de lumière pour son esprit obscurci et de chaleur pour son cœur glacé. Mais, évidemment, elle s'était bercée d'un rêve... elle venait de comprendre que tout était fini... ou à peu près. Ils étaient là-bas en famille, gais, heureux, aimants, et n'auraient qu'un peu de pitié pour la triste étrangère. Allons, décidément, sa destinée était bien telle que la lui avait tracée madame Norand, et elle avait eu tort de se laisser aller au charme de ces relations...

Elle se le répéta à satiété durant toute la soirée, pendant une partie de la nuit, et, en entrant le lendemain dans la chambre de mademoiselle Bernardine, elle entendit cette exclamation :

– Quelle mine, Isabelle !... Es-tu malade, ma petite ?

Elle inclina négativement la tête et s'empressa de remplir son office près de sa tante pour aller rejoindre le grand panier de linge qui l'attendait dans la salle à manger. Là, elle put en toute liberté se plonger dans ses souvenirs – souvenirs de quinze jours, et cependant si profonds que devant eux s'effaçaient presque les années tristes et sombres. La remarquable mémoire d'Isabelle lui retraçait fidèlement les lectures fortes et attachantes faites chaque jour par Régine, les commentaires élevés et finement spirituels des trois sœurs... puis encore les actions très simples de cette famille, rehaussées par une extrême noblesse de sentiments, sa charité inépuisable, ses vertus aimables...

Et dans l'après-midi Isabelle y pensait encore, lorsqu'en levant la tête elle aperçut dans la cour Danielle Brennier, toute fraîche et souriante sous son grand chapeau de promenade. Avec une vivacité inaccoutumée, Isabelle se leva et s'élança au-devant d'elle.

– Venez-vous avec nous, mademoiselle Isabelle ?... Nous allons à la fontaine d'Ivernon, sur laquelle Gabriel a composé ce matin des vers qu'il doit nous dire... Ensuite, très prosaïquement, nous goûterons.

Quelques instants plus tard, Isabelle suivait Danielle jusqu'au petit pont où attendaient les autres jeunes gens et les enfants. Antoinette seule manquait, retenue près de son père un peu souffrant... La petite troupe traversa la châtaigneraie, les champs étalés au pied du village, et s'engagea dans un vallon vert et humide, traversé d'un mince ruisseau, filet d'argent entre deux tapis fleuris. Isabelle marchait un peu en arrière, près de Régine. Toutes deux, silencieuses, semblaient goûter chacune à leur manière le charme de cette fraîche nature.

Gabriel quitta tout à coup Danielle et Paul des Orelles et vint vers elle.

– Vous devez me trouver bien impoli et mal élevé, mesdemoiselles, dit-il en souriant. Mais figurez-vous que nous nous disputions, mon ami Paul et moi. Danielle, après avoir essayé de soutenir Paul, a fini par se ranger de mon côté... Voulez-vous me donner votre avis, mesdemoiselles ?

– Volontiers, mais énonce le sujet de la discussion, dit Régine en riant.

– Le voici... Nous parlions d'un personnage de notre connaissance qui exerce sur sa femme et ses enfants une insupportable tyrannie. Ces malheureux en sont arrivés à ne plus oser penser librement, par crainte de ce despote effroyable... À ce propos, Paul prétendait que plusieurs années de ce système de compression morale tuent irrémédiablement dans l'âme la plus élevée, la mieux douée, toutes les qualités de l'esprit et du cœur, la rendant une automate, incapable de sentiments personnels, n'ayant plus même la notion du bien et du mal...

Isabelle détourna un peu la tête. Sa physionomie s'était légèrement altérée et ses petites mains tremblaient nerveusement.

– ... Moi, je soutiens qu'il demeure toujours quelque chose... comme un point rouge parmi les cendres. Qu'un souffle vienne, les étincelles jailliront, la flamme disparue brûlera de nouveau dans cette âme... Est-ce votre avis, mademoiselle d'Effranges ?

– Je voudrais que vous ayez raison, dit-elle d'un ton bas et tremblant, sans lever les yeux. Mais si vraiment il en était comme le dit M. des Orelles... oh ! ce serait affreux ! murmura-t-elle en frissonnant un peu.

– Mais non !... cela n'est pas ! s'écria vivement Régine dont le regard pénétrant ne quittait pas cette physionomie altérée. Quelle étrange doctrine professe donc aujourd'hui M. des Orelles !... Il faut que je lui demande quel cerveau mal équilibré lui a soufflé cela.

Elle marcha plus rapidement pour rejoindre sa sœur et Paul, et Isabelle continua sa route près de Gabriel. Celui-ci, subitement pensif, considérait à la dérobée sa jeune compagne dont le beau visage portait la trace d'une évidente préoccupation.

– Vous verrez que Régine va subitement transformer les idées de Paul, dit-il tout à coup. Elle possède un art merveilleux pour ramener les esprits dans le droit chemin. Il est de fait qu'on ne peut raisonnablement croire à cette impossibilité absolue du réveil d'une âme, si opprimée, si annihilée qu'elle soit devenue. Du moment où elle souffre, pense ou pleure – si peu que ce soit – elle vit.

Les grands yeux violets se levèrent subitement vers lui. Cette fois, le voile protecteur des cils d'or ne les cachait pas, et

Gabriel y vit pour la première fois une émotion intense, faite de crainte et d'espérance... Pour la première fois, la belle statue vivante semblait tressaillir sous l'empire d'une puissante vibration intérieure.

– Le croyez-vous vraiment ?... Il me semble alors que je ne suis pas absolument morte. Je ne pleure plus, mais je pense encore un peu, et je souffre... beaucoup, acheva-t-elle d'un accent indiciblement douloureux.

Elle se tut tout à coup en baissant la tête. Involontairement, elle venait de faire connaître à cet étranger la plaie sanglante de son cœur. Devant cet homme loyal et bon, son âme si bien close s'était inconsciemment ouverte.

Ils continuèrent à marcher en silence. M. Arlys semblait soucieux et absorbé, et les plaisanteries de Danielle et de Paul qu'ils rejoignirent près de la fontaine parvinrent difficilement à le dérider. M. des Orelles déclara sincèrement qu'il avait eu une idée bizarre et peu chrétienne, ainsi que le lui avait clairement démontré Régine.

– Un terrible philosophe, mademoiselle Régine... et qui vous pousse dans vos retranchements, il faut voir cela !... Nos modernes libres-penseurs n'auraient pas beau jeu s'ils trouvaient pour leur tenir tête beaucoup de personnes de votre espèce, mademoiselle... et aussi de celle de Gabriel. C'est un chrétien convaincu, militant, redouté et admiré par ses adversaires eux-mêmes.

– Et vous, monsieur des Orelles ?... Vous vous passez modestement sous silence, mais nous savons que vous tenez un fort bon rang dans l'élite catholique de Paris ! s'écria Danielle en riant.

– Oui... oui, à peu près, grâce à l'exemple de Gabriel. Enfin, surtout depuis que j'ai abjuré mon erreur, je constate que nous sommes tous ici des gens bien pensants.

– À part moi, monsieur, dit la voix lente d'Isabelle. Je suis une païenne, bien peu à sa place parmi vous.

Les jeunes filles avaient rougi aux paroles intempestives de Paul des Orelles, et celui-ci, comprenant sa bévue, se mit à

49

tortiller nerveusement sa barbe.

– Mais, mademoiselle, bien au contraire... Les âmes privées des bienfaits de la religion, tant qu'elles sont de bonne foi, sont toujours accueillies parmi nous, plus heureux...

– Parce que vous espérez leur faire partager un jour vos croyances. Mais si elles ne veulent pas... si elles ne peuvent pas ?...

– Nous les plaignons et prions pour elles, dit la voix émue de Régine. Mais pendant que nous traitons ces graves sujets, les enfants s'impatientent... Henriette, ouvre le panier du goûter. Nous nous mettrons là-bas, sous ce noyer.

Pendant qu'Henriette, aidée des enfants, sortait les provisions, les jeunes gens demeurèrent près de la fontaine. Un mince filet d'eau s'échappant d'une fissure du roc, s'égouttant en une gerbe diamantée sur la mousse d'une vasque naturelle – telle était cette fontaine, source du petit ruisseau qui glissait à travers le vallon. Des fleurettes roses penchaient curieusement leurs petites têtes vers l'onde admirablement pure où se miraient d'élégantes fougères. Semblables à de minuscules flocons, les dernières fleurs d'aubépine s'éparpillaient à la surface, bien vite entraînées par le courant jusque dans le lit du ruisselet qui les roulait entre ses rives veloutées...

Et le charme simple et frais de la fontaine d'Ivernon était justement célébré dans les vers dits par Gabriel à la prière de ses cousines... quelques vers délicats et vibrants qui valurent un concert d'éloges à leur auteur.

Seule, Isabelle était demeurée à l'écart. Appuyée contre la roche moussue d'où s'échappait la source, elle demeurait immobile, le regard perdu dans une vague contemplation... En s'approchant d'elle quelques instants après, Gabriel vit qu'une expression d'amère tristesse s'étendait sur sa physionomie.

– Ma pauvre petite poésie vous a-t-elle donc fait fuir, mademoiselle ? dit-il en affectant la gaieté. Vous en avez sans doute entendu bien d'autres de plus haute envolée...

Elle tourna vers lui ses grands yeux assombris.

– C'est la première fois que j'entends des vers... Je n'en avais même jamais lus. Cela est beau... si beau ! dit-elle avec un regard soudain brillant. Et pourtant, j'ai ressenti comme une tristesse... Je crois, monsieur, que vous m'avez révélé la poésie, et qu'un nouveau regret, une plus grande souffrance en sont nés pour moi, puisqu'elle m'est absolument interdite.

– Quoi, à ce point !... Mais l'homme n'est pas fait pour la prose seulement ! Voyez donc, la terre aride se couvre de fleurs, l'air s'emplit de parfums, résonne de chants d'oiseaux, et, seule dans la création, l'âme demeurerait sèche et nue !... Je ne puis le croire, et, pour ma part, je sens en moi un besoin d'idéal qui m'élève souvent au-dessus des misères de la terre. Dieu d'abord, puis les nobles et charmantes choses que sa Providence a semées dans l'esprit humain, dans la nature, en un mot dans tout ce que nous pensons et voyons... voilà ce qui fait vibrer et tressaillir l'homme vraiment digne de ce nom. La prose est une nécessité, la poésie une aide et un soutien, pourvu que toutes deux aient pour but Dieu seul.

Isabelle l'écoutait avec une ardente attention. À ces derniers mots, elle secoua mélancoliquement sa belle tête.

– Vous parlez toujours de Dieu... mais je ne Le connais pas, dit-elle doucement. Pourrait-Il transformer ma vie, éclairer mon pauvre esprit qui ne sait où trouver sa voie ?

– Dieu peut tout, répondit la voix émue de Gabriel. Il peut vous donner le bonheur, ou, s'Il le juge plus utile, vous laisser la souffrance en l'adoucissant de son amour... Il peut faire jaillir l'eau de la pierre et mettre une étoile de consolation dans votre existence.

– Si cela était possible !... murmura pensivement Isabelle.

En son esprit passait l'image sévère de madame Norand. Elle entendait sa voix métallique disant : « Isabelle, pas de rêveries !... Nous sommes nous-mêmes notre force, notre but, et au-dessus il n'y a rien. »

Mais voici que cet homme intelligent, au cœur loyal et ardent, prétendait qu'il n'existait que par Dieu et recevait tout de cette puissance suprême. Lequel croire ?... Et, véritablement, que pouvait-elle tenter pour connaître la vérité, puisqu'elle avait été soigneusement désarmée et tenue captive par l'inexorable système de son aïeule ?

Gabriel lisait peut-être ces pensées sur la physionomie de la jeune fille, car une profonde compassion remplissait le regard qu'il attachait sur elle... Ils se rapprochèrent du noyer sous lequel s'asseyait déjà la jeune société. Bientôt, les éclats de rire se mêlèrent aux voix joyeuses, éveillant les échos du vallon... Isabelle elle-même eut un sourire – un vrai et joyeux sourire – en écoutant les amusantes et spirituelles anecdotes contées par Paul des Orelles. Les inquiétudes relatives à ses rapports avec les Brennier étaient dûment enterrées.

VI

... Si bien enterrées que la paisible jeune fille de Maison-Vieille se retrouvait le lendemain dans le jardin de la Verderaye, s'exerçant au tennis sous la direction de Gabriel.

Isabelle avait été accoutumée aux exercices physiques qui occupaient une large part dans le programme d'éducation de madame Norand, mais sa vie renfermée et monotone depuis deux ans, surtout l'ennui toujours grandissant en elle avaient alangui ses mouvements et affaibli sa santé autrefois vigoureuse. Elle se sentit bien vite lasse et, cédant sa place à Henriette, elle alla s'asseoir près d'Antoinette qui cousait sur la terrasse en surveillant les ébats de Michel et de Roberte... Isabelle prit son ouvrage et se mit à tirer distraitement l'aiguille en s'arrêtant parfois pour regarder les joueurs, au milieu desquels Gabriel se faisait remarquer par son extrême adresse.

– J'ai dû bien ennuyer M. Arlys, fit observer la jeune fille en s'adressant à Antoinette. Il est désagréable pour un joueur tel que lui d'enseigner à une maladroite comme moi.

– Détrompez-vous, ma chère enfant. Le plus grand plaisir de Gabriel est d'obliger autrui, partout et toujours... C'est une admirable nature, franche, énergique, et pourtant pleine de douceur. Bien qu'il soit déjà renommé comme l'un des premiers avocats de Paris, il s'est toujours montré simple et accueillant envers les plus humbles... Eh bien ! tu as fini de jouer, Henriette ?

– Oui, Danielle est un peu fatiguée. Veux-tu me faire réciter, Antoinette ? dit la fillette en présentant un livre à sa sœur.

– Pas maintenant, ma petite, il faut que je termine au plus tôt cet ouvrage. Mais, tiens, si mademoiselle Isabelle voulait...

– Oui, c'est cela, mademoiselle ! s'écria gaiement Henriette en mettant le livre entre les mains de la jeune fille. C'est une scène de Polyeucte que Gabriel aime beaucoup et qu'il m'a donnée à apprendre.

Elle commença la scène III de l'admirable tragédie chrétienne, ce dialogue émouvant et superbe entre les deux époux... Mais une voix masculine vint bientôt lui donner la réplique. Gabriel était arrivé sur la terrasse, et, debout presque en face d'Isabelle, il prenait le rôle de Polyeucte. Son accent singulièrement vibrant, sa noble et énergique stature, la conviction profonde qui était en lui en faisaient un merveilleux interprète du martyr... Frissonnante d'émotion, retenant son souffle, Isabelle écoutait de toute son âme...

Seigneur, de vos bontés il faut que je l'obtienne ;

Elle a trop de vertus pour n'être pas chrétienne :

Avec trop de mérites il vous plut la former

Pour ne vous pas connaître et ne vous pas aimer...

Le regard d'Isabelle, machinalement levé en cet instant, rencontra les grands yeux bruns sérieux et profonds qui s'abaissaient sur elle, tandis que Gabriel prononçait ces paroles d'un ton d'ardente supplication. Ce regard était empreint d'une indicible douceur, d'une profonde compassion, et, sans qu'elle pût se l'expliquer, quelque chose se dilata dans le cœur d'Isabelle... La voix de Gabriel se fit plus forte, plus chaleureuse dans les répliques suivantes :

. . . .

Ce Dieu touche les cœurs lorsque moins on y pense.

Ce bienheureux moment n'est pas encore venu ;

Il viendra, mais le temps ne m'en est pas connu.

. . . .

Je vous aime

Beaucoup moins que mon Dieu, mais bien plus que moi-même.

La scène était finie depuis un long moment qu'Isabelle n'avait pas fait un mouvement. Elle demeurait sous l'empire de ces phrases vibrantes de noblesse et de foi... Les demoiselles Brennier et Paul entouraient Gabriel et le complimentaient sur son talent de diseur. Le jeune avocat leur répondit d'un air un peu distrait et alla s'asseoir près de la petite table sur laquelle Régine avait préparé le goûter. Attirant à lui le petit Michel, il caressa doucement ses belles boucles blondes.

– Polyeucte n'avait pas d'enfant... Qu'aurait-il fait s'il avait possédé un lutin bien-aimé comme celui-ci ? dit M. Brennier qui fumait son cigare à la porte du parloir.

– Il en aurait fait un petit ange, mon oncle... Oui, plutôt que de renier son Dieu, je suis persuadé qu'il eût sacrifié son enfant lui-même.

– Oh ! cela est-il possible ! murmura Isabelle avec un geste d'horreur. Ce Dieu, que vous dites si bon, demande-t-il de tels sacrifices ?

– Oui, souvent, mais l'âme croyante sait que l'éternité est là pour compenser infiniment ses souffrances... Dieu est un père, bon par-dessus tous les pères, croyez-le, mademoiselle, dit gravement Gabriel. Eh bien ! où vas-tu, Michel ?

– Je veux aller avec Belle, dit le petit d'un ton résolu.

Gabriel le lâcha, et Michel s'élança vers Isabelle qui le prit sur ses genoux et l'embrassa avec tendresse.

– Mademoiselle Isabelle, Michel est fou de vous ! s'écria gaiement Danielle. Il n'a fait, toute la matinée, que demander si Belle viendrait... N'est-ce pas, Gabriel ?

Le jeune homme inclina affirmativement la tête... Il considérait avec une émotion contenue le tableau charmant formé par la jeune fille et l'enfant qui se pelotonnait joyeusement contre elle.

– Michel est assez difficile d'ordinaire envers les visages peu connus. Il faut qu'il ait deviné en vous un grand amour pour les enfants, dit Antoinette.

– Je ne savais pas les aimer, car je n'en connaissais pas. La vue de votre joli petit Michel a été pour moi une révélation... Et cependant, on m'a dit que je devrais aimer mes enfants par devoir, en me gardant bien de suivre l'entraînement de la tendresse maternelle... que je ne devrais pas m'y attacher... comme si cela était possible ! dit-elle d'un ton de révolte.

– C'est une chimère ! déclara résolument Antoinette. Personne ne peut vous imposer cela, ma chère enfant. Votre cœur sera plus fort que tous les raisonnements et tous les systèmes.

– Heureusement ! murmura Gabriel.

... Isabelle prit un peu après le chemin du retour. Elle marchait légèrement et un peu de vie se révélait dans son beau regard. Elle se sentait jeune, son cœur comprimé se dilatait tandis qu'elle jetait un regard charmé sur le paysage sévère et superbe... Quelques jours auparavant, elle voyait cette même nature aussi imposante et elle demeurait de marbre. Aujourd'hui, elle admirait et comprenait... Et le morose jardin de Maison-Vieille lui parut plus accueillant, l'antique demeure moins sombre, la vieille Rose presque supportable.

– Dépêchez-vous donc, mademoiselle ! cria aigrement la cuisinière. Il y a quelqu'un à dîner... M. Piron, je crois.

En cherchant dans ses souvenirs, Isabelle se rappela le personnage en question : un homme d'une quarantaine d'années, corpulent, rougeaud et vulgaire. Possesseur d'importantes propriétés aux environs d'Astinac, il en parlait sans cesse avec orgueil et ne tarissait pas sur le chapitre des engrais et de l'élevage. Hors de là, on n'en pouvait généralement rien tirer.

Jamais repas si bien soigné n'était sorti des mains d'Isabelle. M. Piron, interrompant un cours d'agriculture que les trois dames écoutaient distraitement, la complimenta d'un air pénétré et madame Norand y ajouta un « C'est très bien Isabelle » qui étonna fortement la jeune fille... Celle-ci faillit

56

tomber de son haut en s'entendant ordonner de rester au salon. L'assistance au dîner, si peu cérémonieux qu'il fût, était déjà chose inusitée... Isabelle s'assit dans un angle de la grande pièce sombre et se mit à travailler pendant que M. Piron développait à son hôtesse les avantages d'une nouvelle race de volatiles. Sa voix rude, à l'accent limousin très prononcé, résonnait désagréablement dans le salon, mais au bout d'un instant Isabelle ne l'entendait plus.

C'était l'organe chaud et vibrant de Gabriel qui bruissait à ses oreilles, c'étaient les paroles superbes de Polyeucte qui revenaient à son esprit charmé. Elle était demeurée sous leur empire depuis son retour de la Verderaye, et madame Norand ne se doutait certes pas que ce dîner si bien réussi avait été confectionné tandis qu'Isabelle, pleine d'une vivacité et d'un entrain inaccoutumés, se répétait à voix basse les vers du grand poète... et parfois aussi les affirmations pénétrées de foi ardente qui sortaient si souvent des lèvres de M. Arlys. Il lui semblait alors sentir couler en elle une force nouvelle, une mystérieuse ardeur qui chassait pour un instant les lourds nuages de sa vie et l'élevait au-dessus des vulgarités de l'existence... C'était cette même impression qui la tenait aussi étrangère aux discours monotones du rustique propriétaire que s'il eût été à cent lieues de là.

– M. Piron est véritablement un homme plein de sérieux et d'intelligence, Isabelle, dit madame Norand d'un ton péremptoire, tandis que son hôte sortait de Maison-Vieille.

– Certainement, grand-mère, répondit machinalement Isabelle qui remettait de l'ordre dans le salon.

Elle aurait tout aussi bien déclaré que M. Piron était un modèle de distinction et d'esprit, car la constatation de sa grand-mère lui était parvenue à travers un rêve.

Madame Norand était demeurée debout près de la porte, suivant du regard les allées et venues de sa petite-fille. Au moment où elle passait près d'elle, sa main ferme, presque dure, se posa sur l'épaule d'Isabelle.

– Avez-vous bien profité des excellents conseils donnés par

notre voisin pour l'élevage des volailles ? demanda-t-elle en braquant son regard perçant sur le blanc visage de la jeune fille. Il sera bon que vous étudiiez à fond cette question, car certainement vous aurez bientôt à utiliser ces connaissances. Votre éducation est toute à faire au sujet des travaux de la campagne... Et, tenez, j'ai trouvé un excellent moyen. Dès demain, je ferai installer ici une basse-cour dont vous aurez la charge. Ce sera votre apprentissage de dame de campagne... Pourquoi me regardez-vous de cet air stupéfait ?... Je suppose que vous ne vous croyez pas destinée à vivre à la ville, car tel n'est pas mon dessein... Répondez-moi donc, Isabelle ! dit-elle, saisie d'une sorte d'impatience devant le visage impassible qui se tournait vers elle.

– Je ne sais à quoi je suis destinée, mais j'aime mieux la campagne que la ville, répondit paisiblement Isabelle sans détourner son regard des yeux dominateurs qui essayaient de lire en elle.

Une expression satisfaite se répandit sur la physionomie de madame Norand. Sa main quitta l'épaule d'Isabelle et elle sortit du salon pour gagner la galerie. Tout en s'asseyant à sa table de travail, elle murmura d'un ton de triomphe :

– Je l'ai véritablement bien conduite. Elle est ce que j'ai voulu la faire... oui, je ne puis en douter. Froide, indifférente, prosaïque... elle sera heureuse avec lui, car elle ne sait pas souffrir... Si je me trompais pourtant, et si Marnel avait raison !... Mais non, je sais lire dans ses yeux, et ils ne m'ont pas trompée. Elle n'a plus de cœur ; plus d'aspirations vers l'idéal... L'idéal ! fit-elle avec un ironique éclat de rire. Quelle chimère !... Les chrétiens l'appellent Dieu... mais ils sont fous. Il n'y a de véritable que ce qui tombe sous nos sens, et Isabelle le sait bien, grâce à moi. Elle sera heureuse...

Son regard chargé de défi orgueilleux se leva vers la fenêtre ouverte qui laissait voir un pan de ciel étoilé.

– ... Il n'y a rien... rien plus haut que nous. Nous sommes nous-mêmes notre vie et pouvons tout par la force de notre volonté.

... Accoudée à une fenêtre du premier étage, une jeune fille songeait devant la voûte sombre où tremblaient les étoiles... Elle songeait, et les vers du poète revenaient à ses lèvres :

Elle a trop de vertus pour n'être pas chrétienne :

Avec trop de mérites il vous plut la former

Pour ne vous pas connaître et ne vous pas aimer.

VII

Par une lumineuse matinée de juillet, Isabelle quitta dès six heures Maison-Vieille pour aller faire quelques emplettes au village. Elle marchait vite, aspirant avec délices l'air chargé de senteurs agrestes. Au-dessus de sa tête, le ciel immuablement pur déployait sa splendeur, moins écrasante à cette heure matinale que durant les après-midi étouffantes. Le torrent aux reflets d'acier roulait, un peu alangui, semblait-il, entre ses rives sombres, et, à la droite d'Isabelle, les feuilles des châtaigniers s'agitaient sous une brise légère.

La jeune fille passa devant la Verderaye. Un rapide regard lui permit de constater que le jardin était désert, et elle continua sa route avec un léger soupir. Il lui avait été impossible depuis huit jours de quitter Maison-Vieille pour voir celles qui étaient devenues ses amies, pour entendre leurs réconfortantes paroles et les lectures sérieuses et attachantes faites maintenant par Gabriel. L'installation de la basse-cour, un peu retardée par une indisposition de madame Norand, avait enfin été exécutée, et cette nouvelle charge était venue s'ajouter aux multiples besognes d'Isabelle. Il lui avait fallu accompagner Rosalie dans les fermes avoisinantes pour choisir les volatiles, puis s'initier aux soins à leur donner sous la direction de la vieille gardienne de Maison-Vieille. En même temps, madame Norand avait ordonné à sa petite-fille une multitude de changements, de nettoyages en prévision de l'arrivée peut-être prochaine d'un hôte parisien... Enfin, tout s'était réuni pour accabler de fatigue et de travail la pauvre Isabelle. Ses yeux cerclés de noir en témoignaient, comme aussi le pli amer de ses lèvres et la morne tristesse de son regard démontraient clairement une reprise de cet ennui profond si atténué par l'influence de la famille Brennier.

... Ayant terminé ses commissions, Isabelle traversa la petite place du village. Comme elle allait dépasser l'église, la porte s'ouvrit lentement et Antoinette Brennier parut sur le seuil. Du premier coup d'œil, Isabelle constata son extrême pâleur, l'altération de ses traits et une larme encore brillante sous ses cils bruns... Mais en reconnaissant sa jeune voisine, Antoinette sourit – un faible sourire qui effaça néanmoins l'intense mélancolie de son regard.

– Enfin, je vous revois, Isabelle ! Qu'y a-t-il eu pour vous tenir éloignée si longtemps ?

Lorsqu'Isabelle lui en eut expliqué la raison, Antoinette dit d'un ton hésitant :

– Nous aurions été volontiers vous voir à Maison-Vieille, mais... il me semble que cela aurait déplu à madame Norand. Me suis-je trompée, Isabelle ?

– Non, vous avez eu raison, Antoinette, répondit franchement la jeune fille. Ma grand-mère ne supporterait jamais de relations trop suivies, une amitié trop vive...

– Mais alors, mon enfant, vous lui désobéissez en nous voyant si souvent !... Cela est mal, il me semble, Isabelle.

Les petites mains nerveuses d'Isabelle saisirent brusquement celles de mademoiselle Brennier.

– Non, non, ne dites pas cela !... Jusqu'à ces derniers mois, je n'avais trouvé autour de moi que le vide affreux. Vous avez mis un peu de lumière dans ma triste existence, j'ai compris en vous voyant tous que la bonté et l'amour n'étaient pas de vains mots, quoi qu'elle en dise... elle, qui est ma grand-mère !... Non, je n'ai pas à lui obéir en cela !... Je ne le ferai pas, Antoinette... jamais ! dit-elle d'un ton contenu mais vibrant d'une indomptable énergie.

Un léger soupir gonfla la poitrine d'Antoinette et sa main se posa, caressante, sur le bras de la jeune fille.

– Je ne vous y forcerai pas, ma chère petite amie. Peut-être avez-vous raison... Êtes-vous pressée de rentrer ?

– Non, j'ai servi ma grand-mère avant de sortir et j'ai fort avancé mon ouvrage hier.

– Eh bien ! venez avec moi chez une vieille femme que je

visite parfois, si toutefois les pauvres ne vous font pas peur. Ensuite, nous reviendrons ensemble et nous irons trouver Danielle qui a une importante nouvelle à vous apprendre.

Elle souriait doucement, mais il sembla à Isabelle qu'un pli douloureux s'était formé sur ce beau front élevé.

Madame Norand avait soigneusement enseigné à sa petite-fille l'inanité et le danger de la compassion envers les pauvres. Leur donner un peu de son argent, c'était là un devoir de société auquel on ne pouvait se soustraire... mais y ajouter de son cœur, voilà qui était une vaine sentimentalité témoignant d'un esprit exalté et ne pouvant amener que désillusions et souffrances.

Isabelle n'avait donc jamais abordé la misère, et l'entrée dans cette chaumière délabrée fut pour elle une révélation, comme aussi la patience, la souriante bonté d'Antoinette envers cette pauvresse malade et aigrie par la souffrance. Elle comprit alors les exquises douceurs de la charité chrétienne, elle mesura du regard l'épouvantable abîme d'égoïsme et d'indifférence au bord duquel l'avaient attirée les théories de son aïeule. Si les pieuses exhortations d'Antoinette produisirent un apaisement dans le cœur ulcéré de la vieille femme, elles pénétrèrent plus profondément dans l'âme de la jeune fille belle, riche et sans croyances qui les écoutait avidement.

– Que de misère dans le monde ! soupira-t-elle en sortant de la pauvre chaumière. Oh ! Antoinette, vous m'apprendrez à aimer les pauvres, à les soigner, à les servir. Maintenant, je ne pourrais vivre indifférente à leur sort.

... En entrant dans le jardin de la Verderaye, Antoinette et sa compagne aperçurent Danielle occupée à soigner ses fleurs. Ses mains longues et fortes, un peu brunies, enlevaient les tiges flétries et les jetaient dans une corbeille posée à terre... Sa taille vigoureuse, courbée vers le sol, se redressa vivement au bruit des pas qui se rapprochaient, et son visage se montra aux arrivantes, éclatant de santé et avenant comme à l'ordinaire, avec, au fond des prunelles, un rayonnement qui frappa Isabelle.

– Danielle, je t'ai amené notre amie pour que tu lui apprennes la grande nouvelle, dit Antoinette. Au revoir, chère

Isabelle, et tâchez d'être moins occupée pour venir nous voir un peu.

Elle s'éloigna vers la maison, et Danielle, souriante et rougissante, prit la main d'Isabelle.

– Chère Isabelle, ma nouvelle ne sera pas longue à dire... Je vais me marier. M. des Orelles a demandé ma main à papa et j'ai accepté avec bonheur, car il est si bon, si loyal !... et gai, aimable !... Oh ! Isabelle, que je suis heureuse ! fit-elle dans un élan de joie radieuse.

Le beau regard d'Isabelle se leva vers son amie, empreint d'une extrême surprise et d'une très sincère satisfaction.

– Vous allez vous marier !... Je ne m'y attendais pas... mais vous méritez si bien d'être heureuse, chère Danielle, vous et tous les vôtres !... Mais peut-être allez-vous les quitter désormais ?

– Non, Isabelle, et cela ajoute à mon bonheur. Paul de Orelles est un dessinateur de talent et a à Paris une fort belle position. Nous resterons donc les uns près des autres et l'été nous verra tous réunis ici... Cela m'aurait causé tant de peine s'il avait fallu m'éloigner d'Antoinette, ma sœur tant aimée, presque ma mère, malgré les cinq années seulement qui nous séparent !

Involontairement, Isabelle se représenta le visage altéré qui lui était apparu tout à l'heure, près de l'église. Elle avait, un instant auparavant, attribué cette visible souffrance d'Antoinette au chagrin de voir sa sœur s'éloigner d'elle... et voici que tout se réunissait pour entourer cette union de sécurité et de bonheur... Alors, pourquoi avait-elle pleuré, la vaillante Antoinette si parfaitement maîtresse d'elle-même ?

– Vous partez déjà, Isabelle ?... Ne tardez pas à revenir, vous nous manquez beaucoup. Gabriel disait justement hier...

Elle s'interrompit pour répondre à un appel de M. des Orelles qui la cherchait de l'autre côté de la maison. Après avoir serré la main de son amie, elle s'éloigna rapidement tandis qu'Isabelle sortait de la Verderaye.

Tout en revenant vers Maison-Vieille, elle cherchait à se figurer ce qu'avait dit à son sujet M. Arlys. Se pouvait-il que l'absence de sa chétive personnalité eût été remarquée par cet homme supérieur ?... Non, cela était totalement inadmissible. Mais alors, qu'avait-il dit ?...

... Était-ce dans l'espoir de résoudre cette question qu'Isabelle s'acheminait le lendemain vers la Verderaye, malgré la chaleur véritablement accablante ?... La grande maison grise semblait littéralement brûler sous les rayons ardents qui l'enveloppaient ; les géraniums, les suaves héliotropes, les roses éclatantes courbaient leur tête lasse. La terrasse étant intenable à cette heure, toute la famille s'était réunie sous l'allée de noyers qui longeait un des côtés du jardin. Voyant qu'elle n'avait pas été vue, Isabelle s'arrêta un instant pour considérer ce tableau familial auquel ne manquaient que Michel et Roberte, sans doute en train de faire leur sieste accoutumée dans la maison.

Xavier, lui, s'acquittait de cette importante fonction sur le remblai gazonné bordant le mur de clôture, et la petite Valentine, une brunette de quatre ans, l'imitait dans un grand fauteuil d'osier où disparaissait sa très mince personne. Albert, très fier de ses dix ans fraîchement sonnés, se tenait fort droit sur sa chaise et s'appliquait à étudier consciencieusement une leçon ; mais l'accablement produit par cette température torride l'emportait à tout instant, et la tête brune du garçonnet tombait sur le livre. Un léger éclat de rire d'Henriette – qui, elle, semblait très éveillée et travaillait diligemment – saluait cette chute, et Albert, sursautant, reprenait gravement son livre – pour peu de temps.

Assis devant une table, M. Brennier et Régine feuilletaient des recueils de musique, s'interrompant parfois pour demander un avis à Antoinette qui cousait près d'eux. Un peu plus loin, Danielle et Paul des Orelles causaient, la main dans la main... Jamais, autant qu'en cet instant, Isabelle n'avait remarqué la différence d'aspect des deux sœurs : Danielle, fraîche, gaie, débordante de vie et de santé... Antoinette grave et calme, avec un teint presque terreux aujourd'hui, des traits tirés, des rides précoces et une taille légèrement courbée. Elle avait trente ans, Danielle vingt-cinq... mais on ne pouvait nier qu'en apparence un nombre d'années bien plus grand ne séparât les deux sœurs.

Un peu à l'écart M. Arlys, assis près d'Alfred Brennier sans doute arrivé le matin même, lisait une revue... Lire n'était peut-être pas le mot exact, car un observateur placé près du jeune avocat eût remarqué que ses yeux, consciencieusement fixés sur la feuille, avaient une expression rêveuse et douce qui ne pouvait leur être communiquée par les articles scientifiques contenus dans la revue... Il leva tout à coup la tête et aperçut la jeune fille arrêtée sous l'ombre des grands arbres.

– Mademoiselle d'Effranges ! dit-il d'un ton d'allégresse contenue.

La revue glissa à terre et il se leva pour saluer Isabelle qui, se voyant aperçue, avait rapidement fait les quelques pas la séparant du cercle de famille.

Et elle ne songea plus à se poser la question qui la tourmentait la veille et tout à l'heure encore. Comme tous dans cette maison, M. Arlys semblait avoir quelque plaisir à la voir, et elle n'en admirait que davantage cette parfaite bonté qui lui faisait trouver une satisfaction dans la société d'une petite créature ignorante de toutes choses.

La réunion fut particulièrement gaie ce jour-là par suite de la présence d'Alfred. Après une lecture tirée des œuvres de Bossuet et faite par la voix sympathique de Gabriel, les jeunes gens discutèrent une série de projets pour les jours suivants : parties de pêche, excursions, déjeuners sur l'herbe, même une petite sauterie entre soi dans le cas d'un jour de pluie.

C'étaient là choses inconnues d'Isabelle, et elle demeurait silencieuse, tricotant avec célérité... En levant la tête, elle vit Gabriel qui s'approchait d'elle. Il posa sur un siège le livre que sa main tenait encore et demeura debout, appuyé au tronc d'un noyer.

– En raison des vacances, n'aurez-vous pas la permission d'assister à nos petits divertissements ? demanda-t-il avec un évident intérêt.

Isabelle secoua mélancoliquement sa tête blonde.

– Il n'y a pas, il n'y a jamais eu de vacances pour moi, monsieur. Étant enfant, je demeurais toute l'année à la pension, sans aucune sortie, et le seul changement apporté à mon existence pendant les époques de vacances consistait en une longue et fastidieuse promenade – à peu près quotidienne – en compagnie d'une sous-maîtresse morose, ou, ce qui était pire encore, de la maîtresse elle-même. Il me fallait alors subir d'interminables discours sur l'utilité des sciences ménagères, sur la prépondérance absolue de la raison sur le cœur... Je crois que devrais plutôt dire sur la substitution totale de la raison au cœur... Le reste du temps, j'accomplissais mes travaux ordinaires, rendus singulièrement durs et monotones par l'absence complète d'affection, du moindre encouragement, sans un élan, sans une échappée vers un horizon quelconque. Il faut vivre et non penser, telle était la maxime sans cesse répétée par la maîtresse à qui j'étais confiée... Les études littéraires et artistiques dont s'occupaient mes compagnes m'étaient absolument interdites comme pouvant influer fâcheusement sur mon imagination, et les faits historiques ne me furent présentés que sous un aspect froid et désenchanté qui ne dit jamais rien à mon esprit... Je me considère un peu comme une plante détournée artificiellement de sa voie et pourvue de tant de rudes et solides tuteurs qu'elle se trouve peu à peu étouffée, anéantie, dit-elle d'un ton bas et douloureux en croisant les mains sur son tricot abandonné.

– Pauvre enfant !

Gabriel avait prononcé ces mots avec une émotion indicible qui fit tressaillir Isabelle. Une douce sensation envahit la jeune fille... sans doute la satisfaction de se sentir comprise enfin. Elle reprit machinalement son tricot, tandis que M. Arlys continuait :

– Il est au moins étonnant que cet étrange système d'éducation n'ait pas produit sur vous de plus désastreux effets. Mais, grâce à Dieu, tout est facilement réparable... Rien n'est mort en vous, ni l'esprit, ni le cœur, ni l'âme. Vous pouvez les ranimer si vous le voulez.

– Si je le veux ! dit-elle passionnément en levant vers lui des yeux brillants d'espoir. Oh ! vous ne me demanderiez pas cela, si vous saviez combien je souffre... oh ! comme j'ai souffert ! dit-elle d'un ton brisé en courbant la tête comme sous un poids effrayant.

– Allez donc à Dieu, mademoiselle, dit la voix grave, un peu tremblante de Gabriel. Apprenez à Le connaître, obtenez la foi et vous vivrez... vous serez vous, c'est-à-dire une créature noble, libre et bonne.

La tête d'Isabelle se pencha encore davantage. Elle réfléchissait... et, en relevant les yeux, elle rencontra un regard étrangement anxieux.

– Je ne puis plus supporter l'existence qui a été la mienne jusqu'ici... Je ferai ce que vous dites, monsieur Arlys, car c'est ainsi que vos cousines sont devenues bonnes, dévouées, pleines de vertus... c'est ainsi que vous-même vous êtes si bon. Mais comment ferai-je, isolée et ignorante comme je le suis ?

– Confiez-vous à Régine, elle sera votre guide dans les premiers pas, dit Gabriel dont l'accent vibrait d'allégresse.

Une joie intense s'était répandue sur sa physionomie, et Isabelle, surprise et inconsciemment heureuse, l'attribua à son bonheur de voir enfin une brebis égarée se rapprocher du bercail.

VIII

Régine avait depuis un instant quitté l'allée et s'était dirigée vers la maison afin de préparer les rafraîchissements attendus par tous avec impatience... Elle apparut tout à coup sur la terrasse et appela Danielle. Mais celle-ci se promenait précisément avec son fiancé à l'autre extrémité de l'allée et n'entendit pas la voix de sa sœur. Isabelle, se levant avec vivacité, rejoignit Régine.

– Ne puis-je remplacer Danielle ?... Il serait dommage de troubler son bonheur et moi je serais si heureuse de vous aider !

– Venez donc, ma chère Isabelle. Danielle ne m'est aucunement indispensable, et, comme vous le dites, il faut lui ôter le moins possible de ces instants de fiançailles si tôt passés.

Elles entrèrent dans la cuisine et Régine désigna à sa compagne le plateau qu'il s'agissait de porter sous les arbres... Mais au lieu de le prendre, Isabelle se tourna subitement vers mademoiselle Brennier qui commençait à couper de minces tartines de pain bis.

– Régine, on m'a dit que vous consentiriez peut-être à m'apprendre comment on devient bonne, aimable, résignée... c'est-à-dire comment on devient chrétienne, dit-elle d'une voix entrecoupée, en couvrant Régine de son regard ardemment suppliant.

Le couteau échappa aux mains de mademoiselle Brennier et elle retint à temps le pain qui suivait le même chemin. Ses grands yeux lumineux, rayonnants d'une joie surnaturelle, se posèrent sur la physionomie transformée qui se tournait vers elle.

– Enfin !... Oh ! mon amie, nos prières ont été promptement exaucées ! Il est vrai que Dieu avait fait de vous un champ de prédilection où la grâce devait germer avec une merveilleuse célérité... C'est le malheur, Isabelle, c'est la tristesse de votre existence que vous maudissiez qui vous a conduite à Dieu. Sans elle, peut-être n'auriez-vous pas senti – du moins si tôt – le vide profond de votre cœur ; le monde, les plaisirs de l'esprit vous auraient leurrée de leurs illusions et de leur orgueil. Isabelle, vous rappelez-vous ce que nous vous avons dit du bonheur trouvé dans la souffrance même ?

– Oui, je me rappelle... et je comprends un peu, maintenant. Régine, vous serez mon guide dans cette voie ?

– Avec joie, mon amie, ma sœur bien-aimée. Oh ! bientôt vous comprendrez quel bonheur inénarrable envahit l'âme chrétienne devant de tels miracles de la grâce divine !... Quelle joie vont éprouver mes sœurs !... et Gabriel qui déplorait toujours votre triste situation morale, qui souhaitait si ardemment que la lumière céleste vous éclairât enfin !

Un sourire très doux illumina le visage d'Isabelle.

– Régine, c'est M. Arlys qui a déterminé ma conversion, car tout à l'heure encore j'étais indécise et chancelante. Il m'a assuré que ma pauvre âme à demi morte pouvait revivre encore si je venais à Dieu... C'est lui, Régine, qui m'a dit de me confier à vous.

Le regard pénétrant de mademoiselle Brennier enveloppa son amie et une expression joyeuse y brilla un instant... Régine attira à elle la jeune fille et l'entoura tendrement de ses bras.

– Je suis à votre disposition, Isabelle, quand vous le voudrez. Mais si je vous manquais, songez que Dieu est là toujours, qui verra vos luttes, votre bonne volonté et vous accordera le secours nécessaire. Songez qu'Il est votre Père.

Isabelle, la froide et réservée Isabelle se serra contre elle dans un subit élan de tendresse et de reconnaissance, et elles échangèrent un doux baiser fraternel... Puis, silencieusement, Régine se remit à couper ses tartines, et Isabelle, s'emparant du plateau, se dirigea vers l'allée où des exclamations de soulagement l'accueillirent.

– Nous mourons de soif, mademoiselle ! s'écria plaisamment Alfred. Régine vous a sans doute communiqué la recette de ces merveilleux sirops qui font sa gloire ?

– Non, pas précisément, répondit gaiement la jeune fille en

posant le plateau sur une table. Je la lui demanderai peut-être un jour... un jour moins chaud où nous ne risquerons pas de vous trouver absolument desséchés par la soif, ajouta-t-elle avec malice.

Et elle était en cet instant si différente de l'habituelle Isabelle que tous les regards se tournèrent vers elle, presque incrédules. Seuls, deux yeux bruns, là-bas, ne renfermaient aucune surprise et semblaient sourire à une intime vision.

– Chère Isabelle, continuez jusqu'au bout votre charitable mission... servez-nous, je vous prie, dit Danielle en riant. Nous nous figurerons avoir une sœur de plus.

– Et moi une septième fille, dit M. Brennier en posant affectueusement sa main sur l'épaule d'Isabelle. C'est étonnant comme, vous connaissant depuis si peu de temps, je m'habitue à vous voir parmi nous !... Il nous manquait quelque chose ces jours où vous n'êtes pas venue.

Cette atmosphère de sympathie éveillait en Isabelle une sensation de bonheur inconnue jusque-là, et qui se trahissait par la vivacité gracieuse de ses mouvements, par un sourire plus fréquent – ce sourire si rare autrefois sur cette trop grave physionomie et qui donnait cependant au délicat visage de la jeune fille un charme très particulier... Et elle parlait maintenant, la taciturne Isabelle... oui, elle causait presque avec entrain, en tout cas avec une extrême intelligence. L'esprit et le cœur secouaient les cendres amassées sur eux et sortaient de la tombe si bien close.

Régine descendait la terrasse, portant les tartines et une coupe de fruits. Gabriel s'élança vers elle pour l'en débarrasser et ils échangèrent quelques mots rapides en regardant Isabelle, tout à son office d'échanson. Une même joie, plus recueillie chez Régine, rayonnante chez Gabriel, illuminait leurs physionomies... M. Arlys abandonna la coupe de fruits aux mains d'Henriette qui accourait vers lui et alla s'asseoir près de la table du goûter autour de laquelle rôdait Valentine, entièrement éveillée maintenant. Ses petits doigts agiles saisirent tout à coup la robe d'Isabelle qui passait, et elle demanda d'un ton câlin :

– Donne-moi un gâteau, Belle ?

La jeune fille se tourna d'un air interrogateur vers Antoinette, mais celle-ci fit un signe négatif.

– As-tu donc oublié, Valentine, que tu as été extrêmement désobéissante ce matin et que je t'ai privée de gâteaux pour la journée ?... Ne lui donnez rien, Isabelle, je vous en prie.

Valentine enfonça ses petits poings dans ses yeux et éclata en sanglots convulsifs. Isabelle la regardait, visiblement émue de ce chagrin d'enfant.

– Vous n'intercédez pas pour cette petite coupable, mademoiselle ? dit Gabriel qui la considérait discrètement.

– Ce n'est certes pas l'envie qui m'en manque ! répondit-elle d'un ton de regret. Mais ne serait-ce pas mauvais pour l'enfant ? Antoinette se plaint souvent de la nature insoumise de Valentine et... il faut bien la punir, quoi qu'il en coûte, n'est-ce pas ?

– Certainement, mais beaucoup de mères et de sœurs n'ont pas ce courage et aiment trop – ou mal – ces petits êtres.

Tandis qu'elle s'éloignait vers le groupe formé par M. Brennier et les enfants, Gabriel la suivit du regard en murmurant :

– Une vraie femme, forte et tendre à la fois... Je ne m'étais pas trompé sur sa valeur.

... En rentrant à Maison-Vieille, Isabelle rencontra dans la cour mademoiselle Bernardine qui revenait vers la maison, apportant du jardin un panier de prunes qu'elle venait de cueillir. La jeune fille s'en empara et alla le porter dans la salle à manger, puis elle rejoignit sa tante qui avait gagné le vestibule et s'apprêtait à remonter dans sa chambre.

– Tante, j'ai quelque chose à vous demander... Ai-je été baptisée ?

Le placide visage de mademoiselle Bernardine exprima un soudain effarement.

– À quel propos me fais-tu cette question ?... Mais oui, tu as

71

été baptisée, malgré la désapprobation de madame Norand. Ta mère n'y tenait pas non plus, mais mon frère n'a pas cédé. Il ne se souciait guère de religion pour lui-même, mais il savait quel serait le mécontentement de sa mère... puis il y avait là une question de famille. Les d'Effranges ont toujours été chrétiens.

Là s'était trouvée en effet toute la raison de la religion aux yeux des derniers d'Effranges. La longue suite des ancêtres catholiques imposait aux descendants sceptiques et incroyants une sorte de décorum religieux qui faisait pour eux partie intégrante de leur noblesse. Le frivole Jacques d'Effranges n'avait pas songé à se soustraire à cette obligation, et, s'il avait accepté d'épouser une femme sans croyances, s'il avait lui-même vécu sans souci de ses devoirs religieux, il n'aurait jamais manqué, étant à sa terre patrimoniale, d'assister à la messe paroissiale, pas plus qu'il n'eût souffert que sa fille fût soustraite au baptême.

– Mais pourquoi t'inquiètes-tu de cela, Isabelle ? répéta mademoiselle Bernardine en considérant sa nièce avec surprise.

– Pourquoi, ma tante ?... Mais je devrais plutôt demander pourquoi, ayant reçu le baptême, étant chrétienne en un mot, j'ai été élevée sans la moindre notion religieuse ! Vous dites que mon père a tenu à ce que je fusse baptisée... C'est donc qu'il tenait à ce que je fusse catholique, et pourtant ses volontés ont été méconnues de telle sorte que jamais... entendez-le, ma tante, jamais un mot de religion n'a été prononcé devant moi... Est-ce là ce qu'il voulait, dites ?

– Mais je ne sais trop... peut-être n'y tenait-il pas beaucoup, balbutia mademoiselle Bernardine, plus abasourdie qu'on ne saurait dire devant l'étrange véhémence de sa nièce, et considérant, sans en croire ses yeux, cette physionomie vivante et animée. Ta grand-mère a agi pour ton bien... C'est une femme très intelligente.

Isabelle jeta sur sa tante un regard d'involontaire pitié. La religion n'avait jeté que de superficielles racines dans cette âme bornée, indifférente à tout ce qui ne regardait pas sa famille. La vicomtesse d'Effranges, sa mère, l'avait soigneusement pénétrée d'un profond respect pour leur nom antique, en même temps qu'elle lui inculquait les principes d'une religion toute de surface, destinée à conserver intact le prestige de la famille. L'étroite cervelle de mademoiselle Bernardine n'avait rien vu au-delà et elle continuait fidèlement ses quelques pratiques religieuses, sans avoir songé un instant à déplorer l'étrange éducation morale donnée à sa nièce... Et, à mesure que son esprit s'ouvrait sous l'influence des habitants de la Verderaye, Isabelle avait compris que les principes si soigneusement conservés par cette femme paisible et effacée ne demeuraient inébranlables que par la force d'une indéracinable habitude.

– Ma tante, dit-elle avec douceur, je ne conteste en rien l'extrême intelligence de ma grand-mère, mais, comme tous, elle est accessible à l'erreur... et elle y est précisément tombée, parce qu'elle a méconnu Celui qui est l'intelligence incréée.

– Tu crois, Isabelle ?

Et, tout en montant l'escalier à la suite de sa nièce, elle répétait : Tu crois ?... tu crois ? d'un accent absolument stupéfait.

Au moment où Isabelle se dirigeait vers sa chambre, une porte s'ouvrit, laissant apparaître madame Norand dont la physionomie trahissait un certain contentement.

– Isabelle, l'hôte sur lequel je comptais arrive demain... Tout est-il prêt ?

Tandis que la jeune fille répondait, le regard scrutateur de madame Norand se posait sur elle, la considérant longuement. Les grands yeux violets ne se baissèrent pas ; seulement, la frange dorée qui les cachait naguère si souvent s'abaissait de nouveau, et, sur ce beau visage, un voile impalpable semblait tomber, dérobant toute trace d'émotion et de pensée, enveloppant de mystère cette physionomie de jeune fille. Il n'y avait plus maintenant que la froide Isabelle à l'apparence insensible... mais il était trop tard. La petite flamme rallumée dans ce cœur avait laissé entrevoir sa lueur.

En rentrant dans sa chambre, madame Norand alla s'asseoir près de la fenêtre et appuya sur sa main son front soucieux. – Elle est jolie... plus que cela, belle, incontestablement belle et charmante. Pourquoi ne l'avais-je jamais remarqué jusqu'à ce soir ?... Il y avait quelque chose dans ses yeux... quelque chose que je n'y avais jamais vu autrefois et que je remarque depuis quelque temps. Il faudra que je surveille ses relations avec les Brennier... C'est égal, avec cette finesse et cette grâce aristocratique qu'elle tient de sa famille paternelle, elle fera un étrange effet près de lui...

Sa main tourmenta nerveusement le gland de son fauteuil, et elle songea un instant, les sourcils froncés, la bouche amèrement plissée... Mais elle haussa tout à coup les épaules avec impatience.

– Qu'importe l'apparence ! Au fond, elle ne lui est pas supérieure... pas du tout, j'y ai veillé... Mais je voudrais savoir pourquoi elle était si jolie ce soir.

IX

La présence de son hôte – lequel n'était autre que M. Marnel – avait dû effacer momentanément dans l'esprit de madame Norand ses idées de surveillance, car Isabelle put faire des visites presque quotidiennes à la Verderaye. Avec une prestesse inconnue d'elle autrefois, elle accomplissait sa besogne, plus compliquée cependant en ce moment, et courait ensuite vers l'hospitalière demeure où elle était accueillie en sœur. Régine, selon sa promesse, faisait pénétrer les clartés de la foi en cette âme pure et ardente ; avec une surnaturelle ivresse, elle montrait à Isabelle la route étroite et sûre où elle-même cheminait. Les lectures judicieusement choisies et faites par Gabriel, les commentaires dont il les accompagnait complétaient cet enseignement tout à la fois religieux, moral et intellectuel.

Et Isabelle en profitait d'une manière si extraordinaire qu'elle jetait ses amis dans une profonde surprise. Cette intelligence comprimée s'ouvrait largement, découvrant des trésors d'observation, de profondeur et de finesse, une mémoire remarquable, des instincts d'artiste et de poète... Mais, plus encore, Régine et Gabriel, ses principaux initiateurs, assistaient émus et ravis à la lente révélation de ce cœur si bien caché... ils le voyaient, ce jeune cœur, tel qu'il avait dû être autrefois, très aimant, brûlant d'ardeur, de désir du bien et du beau, épris de vérité et d'idéal. Avec une charmante simplicité, Isabelle laissait lire en elle, ne songeant pas, devant ces amis dévoués, à dérober ses sentiments et ses désirs.

Mais, à Maison-Vieille, quelqu'un aussi l'étudiait attentivement. Dès le premier repas, elle avait senti se poser sur elle le regard de M. Marnel. Le sachant romancier et particulièrement renommé pour ses fines études de caractères, elle avait pensé qu'il essayait de deviner le sien sous son apparence impassible et taciturne. Elle devait en effet intriguer comme une énigme cet esprit chercheur.

Isabelle se sentait attirée par cette physionomie loyale et bonne, par la franche gaieté qui mettait un peu de vie dans la maison gothique, de telle sorte que madame Norand elle-même semblait moins sombre et moins rigide... Et, au bout de quelques jours, la jeune fille reconnut que c'était positivement de la sympathie – une sympathie nuancée de compassion – dont témoignait le regard de M. Marnel. Il lui adressait rarement la parole et ne semblait s'apercevoir de sa présence qu'autant que l'exigeait la politesse, mais sans doute, connaissant les idées de madame Norand, ne voulait-il pas les heurter en accordant à sa petite-fille la plus minime attention.

Une après-midi – il y avait environ quinze jours que M. Marnel était à Maison-Vieille – Isabelle quitta le logis et traversa le jardin d'un pas allègre. Sa grand-mère s'était rendue ce jour-là à Tulle, la ville la plus voisine, et elle se trouvait libre – absolument libre pendant plusieurs heures. Elle se le répétait avec une joie d'enfant et se dirigeait vers le petit pont.

Mais elle recula tout à coup en fronçant légèrement les sourcils. Accoudé à la balustrade rustique enguirlandée de lierre et de clématites, M. Marnel regardait bondir le torrent, et cette contemplation l'absorbait tellement qu'il n'avait pas entendu venir la jeune fille. Celle-ci demeura indécise une seconde, puis avec un mouvement d'épaules très résolu, elle avança... M. Marnel se retourna brusquement et la salua avec son franc sourire habituel.

– Je ne vous ai pas vue à déjeuner, mademoiselle. Vous n'êtes pas souffrante, j'espère ?

– Pas du tout, monsieur, mais ma grand-mère m'avait donné une besogne très absorbante et j'ai déjeuné assez sommairement aujourd'hui... Vous regardez notre torrent ?

– Oui... Il est superbe, et je resterais des heures à le voir bondir, écumer, se rouler comme un monstre en furie. Les dernières pluies l'ont beaucoup gonflé et je crois que ce n'est pas fini...

Il désignait le ciel sombre sur lequel couraient de lourds nuages noirs emportés avec rapidité par le vent. Les châtaigniers s'agitaient désespérément, les jeunes frênes et les bouleaux se tordaient au-dessus de l'abîme. Dans les airs passaient, avec des cris lugubres, de grands oiseaux au plumage foncé. Un souffle de déchaînement et de fureur traversait l'atmosphère frémissante...

– Nous aurons une tempête, dit Isabelle en resserrant autour d'elle son grand manteau brun. Vous verrez comme ce spectacle est beau ici, monsieur.

– Oui, je ne doute pas que ce doit être magnifique... Vous allez sans doute chez vos voisins, mademoiselle ? C'est là pour vous une précieuse ressource.

– Oh ! plus encore que vous ne pouvez le croire ! dit-elle avec une ardeur contenue. Ils sont si bons, si nobles !

– Et, sans doute, trouvez-vous là un peu de cette vie intellectuelle et morale dont vous êtes privée ici ?

Elle pâlit un peu en regardant anxieusement son interlocuteur, mais celui-ci sourit avec bonté.

– Rassurez-vous, mon enfant, ce n'est pas moi qui en dirai le moindre mot à votre grand-mère. Tout le premier, je déplore le triste système d'éducation qu'elle a imaginé pour vous, et je me réjouis de l'heureux hasard qui vous a fait rencontrer cette famille, car sans cela...

– Oui, sans cela, tout était bientôt fini, dit-elle avec un frémissement. Mais eux, mes chers amis, m'ont appris la bonté, le dévouement, la résignation, ils ont éveillé mon pauvre esprit engourdi... Tenez, monsieur, nous avons lu hier une de vos œuvres : *Histoire d'Orient*. Combien cela est charmant !... Et M. Arlys lit tellement bien que...

– M. Arlys, dites-vous ? interrompit l'écrivain. Arlys, l'avocat parisien ?

– Lui-même, monsieur. Le connaissez-vous donc ?

– Pour l'avoir vu une fois à une séance de Cour d'assises. Mais j'en ai entendu beaucoup parler depuis mon retour en France. Outre son incontestable talent oratoire, il est excellent écrivain, poète, s'occupe de sociologie et dirige admirablement plusieurs œuvres catholiques... enfin, un homme vraiment remarquable, paraît-il, autant que sous le rapport du cœur que sous celui de l'intelligence. On m'a dit qu'une grande partie de ses revenus appartient aux pauvres. Son dernier ouvrage, *La Misère*, a fait beaucoup de bruit et mis son nom en vedette. J'avais l'intention de faire sa connaissance cet hiver... Et que fait-il à la Verderaye ?

– Il est chez M. Brennier, son oncle, pour une grande partie des vacances... Puisque vous désirez le connaître, monsieur, le plus simple serait de m'accompagner. La campagne supprime les cérémonies et nos voisins seront charmés de vous voir.

– Eh ! je ne demande pas mieux. Vous voyez que j'agis en toute simplicité, mademoiselle Isabelle... Cet Arlys est un homme rare, il n'en reste plus guère de cette espèce-là – si tant qu'il y en ait jamais eu beaucoup – et, vu dans un cadre familial, il sera plus « lui » qu'au milieu d'une réunion quelconque.

Isabelle ne songea pas à regretter le mouvement irréfléchi qui lui avait fait faire cette offre à M. Marnel. Elle avait compris que cet inconnu juste et bon désapprouvait entièrement les théories de madame Norand, et, dès lors, elle sentait instinctivement qu'il était préférable de le mettre à même de défendre, en connaissance de cause, les chères et douces relations certainement destinées à être attaquées quelque jour.

Nul ne se serait douté, en arrivant une heure plus tard sur la terrasse de la Verderaye, qu'un étranger se trouvait mêlé à la réunion de famille. Assis entre M. Brennier et Antoinette, M. Marnel tenait sur ses genoux la petite Valentine, et, tout contre lui, se pressait Michel. Le célèbre écrivain causait joyeusement, avec une cordiale simplicité qui avait dès l'abord conquis ses nouvelles connaissances.

– Des enfants !... Quel bonheur, je les adore ! s'était-il écrié en apercevant les bambins réunis sur la terrasse.

Et la réciprocité existait évidemment, car ils s'étaient tous groupés autour de lui, et Valentine, plus audacieuse, s'était triomphalement blottie entre les bras de l'étranger. Immobiles et ravis, laissant échapper parfois des « oh ! » d'admiration, ils écoutaient les merveilleuses histoires dont M. Marnel ne manquait pas de faire suivre les descriptions colorées et pleines de verve de ces pays d'Orient récemment visités par lui... Il trouvait sur ce sujet un remarquable interlocuteur en Gabriel Arlys, qui avait précisément parcouru ces contrées quelques années auparavant. Puis, peu à peu, M. Marnel réussit à faire tomber l'entretien sur le terrain social, et, tout naturellement, sans se départir de son habituelle modestie, le jeune avocat parla de ses travaux, de ses idées et de ses rêves. Il laissa voir son grand cœur droit et tendre, son intelligence profonde, immuablement tournée vers le bien, et M. Marnel en apprit ce jour-là davantage sur ce caractère qu'en plusieurs années de fréquentation mondaine, dans les réunions de convenance où ces âmes d'élite se livrent peu ou point.

– Nous avons une conversation bien austère pour ces demoiselles, fit tout à coup observer l'écrivain en jetant un coup d'œil un peu malin vers Danielle qui n'avait cessé de causer à demi-voix avec Paul des Orelles.

La jeune fille rougit légèrement sans pouvoir retenir un sourire et Paul s'écria avec gaieté :

– Je vous en prie, n'allez pas taxer irrémédiablement ma fiancée de frivolité et d'ignorance. En temps ordinaire, elle aurait pris à votre entretien un intérêt aussi vif que ses sœurs ou mademoiselle Isabelle qui écoutait de toutes ses oreilles... Mais il faut nous excuser, monsieur. En temps de fiançailles...

– On vit un peu dans la lune, nous le savons, dit l'écrivain en riant. Ainsi, mademoiselle Isabelle, vous vous intéressez à nos sérieuses conversations ?

– Beaucoup ! dit-elle avec vivacité. Je m'étonne parfois de comprendre, malgré mon ignorance, ces choses si longtemps demeurées lettre morte pour moi.

– Allons donc, l'intelligence n'était qu'endormie en vous, mademoiselle, et encore !... je crois qu'elle l'était bien peu !... N'est-ce pas, monsieur Arlys ?

– Oui, nous en avons la preuve, répondit le jeune homme avec un sourire ému. Cœur, intelligence, dévouement, tout existait en mademoiselle d'Effranges à un très haut degré et les

79

efforts de toute une vie n'auraient peut-être pas été capables de les anéantir.

– Oh ! je n'aurais pas attendu pour le savoir... Je souffrais trop, je ne pouvais plus vivre ainsi ! murmura-t-elle très bas.

Mais Gabriel, assis non loin d'elle, l'entendit ou du moins la comprit, car elle sentit sur elle ce même regard compatissant et si doux qui lui apportait toujours un réconfort.

Elle se leva pour aider Régine à servir le thé... M. Marnel se pencha vers Gabriel.

– Vous avez tous coopéré à un sauvetage moral. Cette malheureuse enfant était victime d'un épouvantable système, appliqué avec une bonne intention... mais enfin absolument meurtrier. Grâce à vous, je la crois sauvée.

– Oui, mais comment secouera-t-elle le joug pesant sur elle ?... D'après ce que j'ai compris du caractère de sa grand-mère, cette femme despotique n'abandonnera pas facilement sa domination sur la conscience de cette enfant... Il faudra donc combattre. Mademoiselle d'Effranges est extrêmement énergique au moral, et sur ce point elle est en état de résister, mais sa santé a été lentement minée par ces luttes continuelles contre tous les mouvements de son cœur, par cette souffrance atroce de se voir refuser tout ce qui donne à la vie sa raison d'être : l'affection, le don de soi-même, la connaissance de ce qui est noble et beau, et surtout la foi. Savez-vous que l'on a eu la cruauté de dire à cette jeune fille que tout... religion, dévouement, amour, tout n'était qu'illusion et folie !... Ainsi dépouillée, murée dans cet égoïsme systématique, elle se laissait aller au courant de la vie et tout ressort moral s'affaiblissait en elle. Aujourd'hui, il est à craindre qu'un choc un peu violent, ou bien une suite d'épreuves, n'aient un contrecoup fatal sur cette organisation affaiblie.

– Oui, vous avez raison. Tenez, le plus simple, à mon avis, serait de la marier. Elle échapperait ainsi à la tyrannie de sa grand-mère...

Gabriel saisit si brusquement la tasse présentée en cet instant par Régine que des gouttes de thé brûlant tombèrent sur sa main. Il les essuya rapidement et rassura sa cousine avec un sourire un peu forcé.

– ... Je ne sais trop, par exemple, quel mariage lui fera faire madame Norand, poursuivit M. Marnel en hochant la tête. D'après quelques mots dits un jour par elle, je crois qu'elle ne consultera pas les goûts de la jeune fille et cherchera là encore à faire triompher ses idées bizarres.

Les brûlures étaient décidément plus douloureuses que ne l'avait assuré tout à l'heure Gabriel, car sa bouche se plissait nerveusement et il agitait sa main avec impatience... Il se leva et alla s'accouder à la balustrade de la terrasse. Le vent impétueux agitait les noyers de l'allée, courbait les arbustes et les rosiers en fleurs, et mêlait son souffle puissant au grondement du torrent. Du ciel assombri, du noir granit des falaises, de la lande rocailleuse et solitaire se dégageait une intense tristesse... et celle-ci semblait voiler également la physionomie soucieuse de M. Arlys.

Cependant, la gaieté des fiancés qui arpentaient une allée voisine ne semblait aucunement troublée par la mélancolie ambiante. Insoucieux du vent brutal qui environnait de mèches folles le visage de Danielle et hérissait comiquement les longs cheveux de Paul, ils causaient et riaient, heureux et sans souci du lendemain... Gabriel, dont le regard s'assombrissait, fit un mouvement pour se retirer, mais il s'aperçut qu'Isabelle était à quelques pas de lui, considérant également les deux jeunes gens. Elle tourna vers lui ses yeux graves, un peu mélancoliques.

– Ils sont gais et heureux, dit-elle en étouffant un soupir. Un seul jour de ce bonheur doit en illuminer bien d'autres et adoucir un peu les épreuves de la vie.

– Oui, pour les âmes courageuses et vraiment aimantes. Vous en ferez sans doute l'expérience, mademoiselle, répliqua Gabriel d'un ton légèrement tremblant.

Elle se détourna un peu et s'accouda de nouveau à la balustrade. Ainsi posée, M. Arlys ne la voyait que de profil, mais il pouvait remarquer qu'une légère teinte rosée envahissait ce visage si uniformément blanc... Il la considéra pensivement, se demandant peut-être quelle émotion subite et puissante avait eu enfin le pouvoir d'obtenir ce résultat.

Mais soudain, Isabelle pâlit, et sa voix, basse et tremblante, murmura :

– Voici ma grand-mère.

Madame Norand apparaissait là-bas, contournant lentement un massif de bégonias rouges près desquels ressortait, lugubre, sa robe noire. Son regard ne quittait pas un point de la terrasse... là où se tenaient Isabelle et M. Arlys.

Un froid subit semblait descendu sur la réunion. Danielle elle-même cessa de sourire, et ce fut sans beaucoup d'empressement qu'elle suivit Antoinette au-devant de la visiteuse.

– Vous nous faites une aimable surprise, madame, dit gaiement l'aînée des demoiselles Brennier. Isabelle ne nous avait pas fait prévoir votre visite.

– Isabelle n'en savait rien, répondit madame Norand d'un ton bref. Mon voyage a été plus court que je ne pensais, et, en ne la voyant pas à Maison-Vieille, je...

Elle s'interrompit en reconnaissant M. Marnel qui s'avançait vers elle.

– Vous ici !... Connaissiez-vous donc nos voisins ? demanda-t-elle en essayant de dominer sa surprise.

– Mais non, Sylvie, vous le savez bien... C'est votre petite-fille qui a bien voulu me présenter à ses amis, après que je lui ai eu confié mon désir de connaître M. Arlys.

Il désignait le jeune homme toujours immobile près d'Isabelle. Madame Norand tourna la tête de ce côté... Elle rencontra le regard excessivement pénétrant de deux superbes yeux bruns, et, durant quelques secondes, la grand-mère d'Isabelle et Gabriel Arlys semblèrent se mesurer et se défier...

– Non, merci, répondit-elle froidement à Antoinette qui lui proposait une tasse de thé. Je ne prends jamais de cette boisson qui produit le plus déplorable effet sur mes nerfs. Je suis simplement venue chercher Isabelle... Que je ne vous dérange pas, Marnel...

– Mais il est l'heure du retour pour moi aussi, Sylvie... Nous aurons occasion de nous revoir, ajouta-t-il en se tournant vers M. Brennier.

– Quand vous le voudrez, nous en serons tous charmés, dit cordialement le père de famille. Mademoiselle Isabelle vous a montré le chemin, vous n'aurez qu'à la suivre.

– Venez, Isabelle, dit la voix métallique de madame Norand.

La jeune fille était demeurée appuyée à la balustrade, le regard toujours fixé sur l'allée devant elle. Sortant de son immobilité, elle se redressa et fit quelques pas... Elle dit d'une voix lente, et si basse que Régine et Gabriel, seuls, l'entendirent :

– Fini... tout est fini !

Puis elle s'avança comme une automate vers le groupe dominé par la taille imposante de sa grand-mère. Sans prononcer une parole, elle serra les mains tendues vers elle, répondant par un geste machinal aux affectueux « au revoir » de tous. Madame Norand, qui semblait décidément pressée, s'éloignait déjà avec M. Marnel... Isabelle fit un mouvement pour la suivre, mais elle vit près d'elle Gabriel Arlys qui s'inclinait, grave et ému. Elle lui tendit une petite main tremblante et balbutia :

– Adieu...

– Pourquoi ?... mais pourquoi donc ? dit-il d'un ton anxieux, en serrant inconsciemment cette main frêle entre ses doigts vigoureux.

– Vous n'avez pas compris ?... C'est fini, je ne reviendrai plus ici... Je l'ai vu dans ses yeux quand elle est arrivée. C'est fini... fini !

Sa voix se brisait dans un sanglot et Gabriel, atterré, vit pour la première fois quelques larmes sourdre de ses paupières. Elle répéta encore : « Adieu », et gagna l'extrémité du jardin où, déjà, madame Norand se retournait d'un air impatienté. Régine l'avait accompagnée jusque-là, et, sans souci de son opinion, embrassa tendrement le visage pâli et altéré de son amie.

– À bientôt, chère Isabelle... et n'oubliez pas ce que nous vous avons appris, ajouta-t-elle à son oreille.

Les beaux yeux bleus se posèrent sur elle, graves et solennels, les lèvres d'Isabelle s'entrouvrirent pour prononcer une parole, promesse ou protestation... mais un sanglot lui monta à la gorge et, se détournant, elle suivit sa grand-mère.

D'un pas énergique et sûr, madame Norand s'engageait dans le sentier ; elle s'en allait, la tête droite, sans souci des rafales impétueuses qui s'acharnaient sur elle. Autour de sa taille majestueuse, les plis de son manteau flottaient et s'enlevaient, semblables aux sombres ailes d'un oiseau de proie... Et, en reportant les yeux sur la mince et blanche jeune fille qui cheminait lentement derrière cette imposante forme noire, Régine se dit que c'était bien un délicat et charmant oiseau que cet aigle orgueilleux entraînait à sa suite... vers quel sombre destin, Dieu seul le savait.

X

Un demi-crépuscule, résultant du ciel assombri, envahissait la galerie et voilait d'ombre les vieux livres de la bibliothèque, les personnages de la tapisserie et la jeune fille debout près de la porte... Enveloppée dans sa mante brune, cette jeune fille demeurait droite et calme, statue impassible, en face de la maîtresse du logis. Celle-ci, appuyée contre la table de travail, recevait sur sa tête hautaine la mince parcelle de jour qui réussissait à traverser les vitraux, et cette lueur indécise ne diminuait en rien l'apparence de justice inexorable, d'intraitable volonté de cette grande femme au regard impérieux.

– Vous avez sans doute déjà compris ce que j'avais à vous dire, commença-t-elle froidement. Votre raison n'est peut-être pas encore assez complètement ébranlée pour que vous ne sentiez, au moins quelque peu, de quel abus de confiance vous vous êtes rendue coupable.

Isabelle demeurant muette, elle continua, en la couvrant de son regard inquisiteur :

– Je serais curieuse de savoir à quoi vous vous occupiez durant ces après-midi passées à la Verderaye. Je soupçonne ces demoiselles de ne pas s'occuper exclusivement de leurs devoirs domestiques et d'avoir beaucoup trop d'attaches aux mille billevesées qui ont nom art, littérature, religion... N'est-il pas vrai, Isabelle ?

– C'est vrai, grand-mère, dit-elle d'un accent très ferme. Mes amies sont pieuses, intelligentes, artistes, et près d'elles j'ai senti mon esprit s'ouvrir enfin.

Une subite rougeur s'étendit sur les joues pâles de madame Norand, et, dans ses yeux bruns, étincela une flamme irritée.

– Ah ! vraiment !... Après tant d'années employées à vous former et à préparer en vous une femme énergique et sensée, voici que la société de quelques jeunes filles vient ébranler cet édifice !... Il y a autre chose encore, Isabelle. Pourquoi ne m'avez-vous jamais parlé de la présence à la Verderaye du fils aîné de M. Brennier, et aussi de ce M. Arlys dont je ne soupçonnais pas l'existence ?

– Vous ne m'avez jamais rien demandé sur les habitants de la Verderaye ni sur l'emploi de mon temps, répondit Isabelle sans s'émouvoir.

Elle ne détournait pas son regard indéchiffrable des yeux perçants qui la sondaient, mais les mains qui retenaient la mante tremblaient légèrement.

– ... Je n'ai jamais pensé que la présence de M. Arlys et de M. Alfred Brennier pût changer, à vos yeux, la nature de mes relations avec les demoiselles Brennier, ajouta-t-elle avec simplicité.

Madame Norand se mordit violemment les lèvres. Elle ne pouvait le nier, jamais elle ne s'était informée du genre d'occupations d'Isabelle à la Verderaye. Elle s'était absolument méprise sur ces jeunes filles, il lui fallait le reconnaître aujourd'hui... Mais, véritablement, aurait-elle pu s'en douter en voyant Isabelle toujours la même, ponctuellement occupée de ses devoirs et conservant son calme imperturbable ?... Aurait-elle pu concevoir un soupçon jusqu'à ce soir où elle avait, pour la première fois, surpris dans ces grands yeux bleus un rayonnement inaccoutumé qui lui avait enfin donné l'éveil ?... Cette jeune fille silencieuse et impénétrable avait admirablement caché son jeu.

– Vous connaissez assez mes idées pour comprendre que je n'aurais jamais toléré vos relations avec des jeunes personnes romanesques et exaltées telles que me paraissent vos soi-disant amies, dit-elle en essayant de dominer l'irritation qui montait visiblement en elle... Vous avez donc agi avec une coupable dissimulation... vous ne pouvez faire autrement que de le reconnaître, car vous avez soigneusement évité d'attirer mon attention sur vos rapports beaucoup trop fréquents avec ces personnes. Vous êtes une créature extrêmement fausse et dissimulée...

– C'est vrai, grand-mère...

Malgré le remarquable empire qu'elle possédait sur elle-même, madame Norand eut un léger sursaut d'étonnement en entendant cet aveu, fait avec une parfaite tranquillité. Elle se pencha un peu pour essayer de distinguer le visage d'Isabelle... mais la jeune fille s'avança et la lumière grise tombant des verrières éclaira soudain une physionomie grave et fière.

– ... Oui, j'ai dissimulé, je vous ai trompée, toujours, continua Isabelle d'une voix lente et posée. En apparence, j'étais ce que vous aviez voulu faire de moi... au fond, vous n'avez rien détruit, grand-mère. Je n'ai jamais plus rêvé qu'en ces jours où vous m'interdisiez le rêve, où vous m'avez crue enfin complètement matérialisée et insensible à toutes choses... Et je vous ai encore trompée tandis que j'apprenais de mes amies les beautés de la religion, de la vertu et du sacrifice... alors que mon intelligence murée par vous s'ouvrait peu à peu à leur contact et que mon cœur se reprenait à croire, à espérer...

Elle s'était insensiblement animée, et maintenant elle se redressait, les yeux étincelants d'ardeur et de défi. Madame Norand tressaillit, et la coloration de son visage se fit plus intense.

– Croire, espérer quoi, folle ? dit-elle, les dents serrées, en saisissant le poignet de la jeune fille. On vous a fait croire, peut-être, à la bonté, à l'amour, au dévouement, en vous faisant espérer là le bonheur... Moi je vous répète une fois de plus que rien de tout cela n'existe, que ces illusions sont un danger et une souffrance de tous les instants. Je croyais avoir fait pénétrer profondément ces idées en vous, et je m'aperçois que tout est à refaire... Mais n'ayez crainte, j'y parviendrai.

– Vous ne pouvez rien désormais, dit gravement Isabelle. Je suis plus forte que vous, grand-mère.

Un rire ironique résonna dans la galerie.

– Vraiment, voilà une chose que j'ignorais !... Et sur quoi basez-vous cette assertion, créature présomptueuse que je briserais comme un fétu de paille.

– Parce que j'ai la foi... Je crois en Dieu, grand-mère.

Madame Norand lâcha la main d'Isabelle et recula jusqu'à la table. L'irritation qui l'agitait tout à l'heure semblait avoir subitement disparu... mais Isabelle ne s'y trompa pas. Elle savait ce qu'annonçaient ce masque impassible et glacial, ce front profondément barré, ces yeux aux lueurs dures.

– Je vois que votre folie est plus grave que je ne le pensais... Il n'y a qu'un moyen de mettre ordre à cela, et je vais vous le faire connaître sans retard. Aussi bien devais-je le faire un de ces jours...

Elle s'arrêta un instant, sans cesser de regarder Isabelle toujours immobile et calme devant elle.

– ... Oui, j'ai résolu de vous marier, Isabelle. Selon les idées que je vous ai données, vous ne verrez là qu'un devoir rigoureux, et non les mille sentimentalités dont tant de jeunes filles entourent cet acte. Elles sont vite détrompées par les désillusions, les malheurs qui fondent sur elles... tandis que vous, armée contre ces surprises du cœur et ces douleurs de la vie, vous ne connaîtrez que la paisible félicité du devoir accompli et de l'ordre régnant autour de vous. Ne désirant rien, ne regrettant rien, vous ne souffrirez pas, Isabelle...

Elle s'interrompit encore, mais Isabelle ne prononça pas une parole, et ses longs cils s'abaissèrent sur ses yeux, les voilant complètement.

– ... Oui, vous serez vraiment heureuse, car celui que j'ai choisi est un homme d'énergie et de labeur, ennemi des billevesées qui tourmentent tant d'imaginations, même masculines... En un mot, Isabelle, dit-elle impérieusement, je vous annonce que j'ai accordé votre main à M. Piron.

Isabelle chancela et se retint à un siège. Livide, ses yeux grands ouverts pleins d'une stupeur sans nom et d'une indicible horreur, elle balbutia :

– M. Piron !... Lui !... lui !

– Oui, notre voisin Aristide Piron, dont vous avez pu apprécier les solides qualités, dit madame Norand d'un ton incisif. Le mariage se fera...

– Jamais ! dit une voix incroyablement ferme.

Et Isabelle, surmontant sa défaillance par un énergique effort de volonté, se redressait, une flamme de résolution et de fierté étincelant dans son regard. Mais le tremblement de son corps frêle, l'altération de son visage témoignaient de l'émotion violente qui l'agitait.

– Jamais ? répéta madame Norand d'une voix sifflante. Vous ne me connaissez donc pas encore ?... Vous ne savez pas que je supporte aucune résistance et que je vous ferai plier ?... Qu'avez-vous donc appris à la Verderaye qui vous rende aujourd'hui tellement récalcitrante et vous fasse mépriser la demande d'un homme honorable, sérieux, et pourvu de la plus belle propriété du pays ? Que vous faut-il et qu'avez-vous rêvé dans votre démence ? dit-elle brusquement en jetant un regard investigateur sur sa petite-fille.

La teinte rose, pour la seconde fois, apparut sur le blanc visage d'Isabelle. Un rayonnement semblait descendre sur cette physionomie charmante, dans ces belles prunelles bleues... Ce ne fut qu'un éclair, et, en soutenant intrépidement le regard irrité de sa grand-mère, elle répondit avec un calme extrême :

– Autrefois, comme aujourd'hui, je n'aurais pas accepté ce mariage. Je vous l'ai dit, grand-mère, vous vous êtes trompée sur mon compte ; je n'étais pas encore au point que vous croyiez... Il vous aurait fallu me conduire au total anéantissement de ma liberté morale pour me faire accepter cet homme grossier, vaniteux et dépourvu de sentiments élevés. Même avant de fréquenter la Verderaye, j'étais encore capable d'observation et je conservais quelque fierté... Je sais fort bien qu'il n'y aurait rien de déshonorant à épouser un homme de condition et d'éducation inférieures, fût-il paysan, mais il est impossible, grand-mère, que vous ne compreniez vous-même la position fausse de l'un et de l'autre en semblable circonstance et les souffrances qui en résultent inévitablement... Et d'ailleurs, ajouta-t-elle avec une soudaine animation, celui que vous m'offrez, fût-il le plus noble, le plus riche, le meilleur, je ne l'épouserais jamais, à moins que...

– À moins que ?... répéta madame Norand d'une voix dure.

– À moins que je ne l'aime, acheva Isabelle avec douceur.

Madame Norand se détourna presque violemment. Cette fois, la colère avait raison de sa glaciale impassibilité.

– Écoutez, Isabelle, et comprenez-moi bien. Je vous défends de songer à ces rêves ridicules qui ont pris possession de votre pauvre cervelle... Demain, M. Piron viendra et vous lui serez officiellement fiancée. Le mariage se fera à l'automne, deux jours après la Toussaint.

– Grand-mère !

Ce cri s'échappa, déchirant, des lèvres d'Isabelle. Ses mains se joignirent dans un geste de supplication passionnée... Mais elle ne rencontra qu'un visage glacé et inexorable.

– Je vous l'ai dit, Isabelle, tout est inutile. Je veux ce mariage... Allez maintenant à votre ouvrage, vous n'avez que trop perdu de temps avec vos ridicules raisonnements.

Elle se détourna et s'assit devant sa table... Isabelle s'éloigna d'un pas chancelant. À la porte, elle se heurta à M. Marnel. L'écrivain recula devant ce visage éclairé par la grande lanterne du vestibule que venait d'allumer Rosalie.

– Êtes-vous malade, mon enfant ?... Que vous arrive-t-il ?

Elle fit un geste vague et s'éloigna rapidement vers l'escalier.

M. Marnel entra dans la galerie. Madame Norand, qui feuilletait un volume, tourna la tête vers lui, et il put constater qu'aucune émotion n'avait laissé sa trace sur cette physionomie accentuée.

– Vous allez me conseiller, Marnel. Je suis embarrassée entre deux citations...

– Très volontiers, Sylvie... mais dites-moi auparavant ce qui arrivé à votre petite-fille. Elle avait une triste figure, la pauvre enfant !

– Rassurez-vous, dit sèchement madame Norand en levant les épaules avec dédain. Ce sont de folles idées de jeune fille auxquelles je viens de mettre ordre... Et, puisque vous voilà, je puis aussi bien vous annoncer maintenant les fiançailles d'Isabelle avec M. Piron, le voisin que vous avez vu ici il y a quelques jours.

– Avec... M. Piron ! s'exclama-t-il d'un ton d'indicible stupeur. Voilà donc la raison de ce visage désespéré !... Et c'est cette enfant charmante et délicate, cette jeune créature au cœur aimant que vous voulez donner à ce rustre égoïste ?... Il est impossible que vous méditiez un pareil crime, Sylvie !

– Oh ! pas de grands mots, Marnel !... Je vous assure qu'elle sera fort heureuse quand elle aura reconnu l'inanité de ses rêves et la paisible sécurité du sort que je lui prépare. J'ai tout fait pour rendre cette enfant sérieuse et pratique, je n'y ai qu'à moitié réussi... le mariage achèvera le reste. Il est temps, grand temps, je m'en suis enfin aperçue.

– Oui, cette pauvre enfant renaissait à la vie morale, elle voyait enfin que tout n'est pas déception et égoïsme, comme vous aviez voulu le lui persuader... Et en même temps s'éclairait son intelligence, cette belle et vive intelligence que vous avez prétendu abaisser perpétuellement aux travaux matériels, en lui ôtant toutes les joies et toutes les espérances de la terre et du ciel.

– Bien d'autres se contentent d'une semblable existence...

– Peut-être, mais combien sont-elles à plaindre, celles-là !... et certainement elles n'ont pas le caractère d'Isabelle. Ne voyez-vous pas que cette jeune fille est admirablement douée sous le rapport de l'intelligence, qu'elle possède un cœur ardent, délicat, d'une exquise élévation ?... qu'il lui est impossible, en un mot, de se contenter des sentiments rétrécis et des aspirations bornées imposées par vous ?... Ce ne sont pas la pauvreté, la souffrance, le travail qui pourraient effrayer une telle nature, mais seulement le vide du cœur. En aimant, elle est capable de tout supporter... Et si vous aviez réussi à mener à bien votre système, savez-vous ce qu'elle serait devenue ?... Une désespérée ! Jamais Isabelle, telle que je l'ai pénétrée, n'aurait pu vivre sans espérance et sans idéal.

– Bah ! vous verrez qu'elle vivra parfaitement, dit madame Norand avec une sécheresse ironique. Loin de ses amies

91

Brennier, elle oubliera toutes ses folies. Ces gens ont vraiment bien manœuvré, mais j'ai été plus forte qu'eux.

– Quels gens ?

– Les Brennier, ces hypocrites, cachant sous leurs mines simples et franches une singulière habileté. C'était là un jeu bien combiné, évidemment... Une jeune fille ignorante, riche à millions, voilà une proie excellente, et dès lors on dresse ses batteries, on met en scène le frère et le cousin. La petite sotte tombe dans le piège, choisit le plus habile, et voilà l'avocat besogneux en passe de devenir l'époux de cette jeune millionnaire... Malheureusement, la grand-mère est là...

– Que racontez-vous donc, Sylvie ? Je crois, vraiment, que vous accusez cette excellente famille Brennier et M. Arlys ! s'écria M. Marnel avec indignation. Ce jeune homme est cependant l'être le plus noble et le plus désintéressé de la création... et d'ailleurs, je sais de source certaine que sa fortune surpasse celle de mademoiselle d'Effranges. Il tient si peu à l'argent qu'une grande partie de ses revenus va aux œuvres de bienfaisance... Quant à se sentir attiré vers votre petite-fille, il n'y a là rien d'extraordinaire, et, en les voyant l'un près de l'autre cette après-midi, j'ai pensé qu'on ne pouvait rêver mieux qu'une union entre ces deux belles âmes. Rien ne les sépare... Soyez donc bonne, Sylvie, et, s'ils s'aiment, faites leur bonheur.

Madame Norand demeura un instant silencieuse, la tête tournée vers la fenêtre, ses mains nerveuses disposant des feuillets devant elle... Elle dit enfin d'un ton froidement paisible, comme si elle continuait une phrase commencée :

– Le mariage se fera à l'automne, ici même. M. Piron se montre pressé, ayant grand besoin d'une ménagère. Serez-vous témoin, Marnel ?

– Vous êtes un mauvais cœur ! Je ne vous aurais jamais crue ainsi, Sylvie ! s'écria M. Marnel exaspéré. Tenez, je m'en vais, car je ne sais ce que je vous dirais... Mais souvenez-vous de ce que je vous ai prédit, un soir, à Paris... L'étincelle existait, elle devait jaillir un jour sous l'impression d'un sentiment très vif... et ce sentiment, vous ne pouvez l'étouffer, quoi que vous tentiez.

Isabelle, j'ai tout lieu de le croire, a compris que son cœur appartenait à cet autre cœur généreux et bon : voilà l'explication de ce changement qui vous irrite tant... Votre obstination pourra la faire mourir, mais, si peu que je la connaisse, je me doute qu'elle n'est pas de celles qui oublient.

XI

Le vent attaquait avec furie la massive porte d'entrée qui gémissait lamentablement. À travers les larges interstices, il pénétrait dans le vestibule et faisait vaciller sans repos la flamme de la lanterne... Sous cette lueur indécise et troublée, une forme enveloppée d'un long manteau passa légèrement. Deux petites mains nerveuses ouvrirent le lourd vantail et l'apparition se trouva dehors, en face de la lande déserte sur laquelle tombait la lueur grise du jour finissant. Elle s'éloigna rapidement dans la direction de Saint-Pierre-du-Torrent.

Un grand capuchon couvrait sa tête, dérobant ainsi complètement ses traits, mais il était impossible de se méprendre à cette allure légère, extrêmement souple et élégante. C'était bien là Isabelle d'Effranges.

Haletante, brisée par une lutte opiniâtre contre la tempête qui tentait de renverser cette frêle et téméraire créature, Isabelle atteignit enfin le promontoire rocheux sur lequel s'élevait la chapelle. Là semblaient s'être donné rendez-vous toutes les puissances infernales. Le vent hurlait dans la lande, sifflait à travers les fenêtres de la chapelle, veuves de leurs vitres, et grondait dans la gorge où il s'engouffrait impétueusement. Le torrent, gonflé par les pluies des jours précédents, se précipitait avec furie, entraînant dans ses remous écumeux des arbustes et des plantes arrachés à la falaise ; au pied du promontoire, la cascade s'écroulait avec fracas. Ce concert épouvantablement grandiose paraissait formé de voix démoniaques déchaînées dans ces solitudes.

Isabelle s'assit à sa place favorite, appuya sa tête sur ses mains croisées et demeura immobile, regardant vaguement devant elle.

Elle était venue rarement ici depuis qu'elle connaissait les Brennier. Pour elle, tout besoin de songerie et de solitude avait fui... Chez ces êtres affectueux et charmants, elle avait trouvé de quoi satisfaire ses plus intimes désirs, et, à certains instants, les tristes jours d'autrefois, les misères quotidiennes s'étaient trouvés oubliés. Un charme s'était emparé d'elle pendant ces derniers mois et elle y avait cédé sans résistance, heureuse comme elle ne l'avait jamais été.

Oui, heureuse, elle, Isabelle ! N'était-ce pas inconcevable ?... Et ce bonheur mystérieux qu'elle ne pouvait analyser avait atteint son apogée cette après-midi même, quelques instants avant que madame Norand n'apparût à la Verderaye. En une inoubliable et radieuse minute, elle avait compris que son cœur appartenait à Gabriel.

À Gabriel !... Et elle devait être la femme d'Aristide Piron ! Oh ! plutôt mourir !

Elle se tordit les mains dans un mouvement de douleur. Mourir !... Elle ne le pouvait plus, maintenant qu'elle croyait à un Dieu, à une vie future, à tout ce que croyait Gabriel. Mais alors, comment lutter, comment éviter ce sort odieux devant lequel son jeune être frémissant reculait avec horreur ?... Comment ?...

Elle se leva brusquement. Sous l'angoisse épouvantable qui l'étreignait, elle eût voulu crier, jeter sa plainte aux échos de la lande sombre. Mais les rafales l'étouffaient, paraissant se rendre complices de l'aïeule implacable qui avait tenté de refouler toutes les aspirations de ce jeune cœur... Eh bien ! elle fuirait, elle irait... Mais où donc ? Qui aurait pitié d'elle ?

Elle s'avança dans le sentier étroit côtoyant le bord de la falaise, sans souci du sol détrempé sur lequel elle glissait. Elle marchait en se répétant qu'elle périrait de fatigue et de faim dans la lande plutôt que d'épouser cet homme... mais elle s'arrêta près de la pierre sculptée où elle s'était assise un jour... ce jour où elle avait vu pour la seconde fois Gabriel Arlys. Pauvre insensée ! elle avait fui alors ceux-là dont la séparation produisait aujourd'hui en elle un immense déchirement.

Elle monta sur la pierre et regarda mélancoliquement le torrent écumer à ses pieds. Que tout était sombre et triste aujourd'hui, depuis le ciel noir jusqu'à l'eau grise et terrible qui emportait dans ses flots furieux ses proies végétales pour les jeter au loin, dans quelque gouffre mystérieux !... jusqu'à la chapelle isolée et croulante, enveloppée de sa verdure foncée comme une veuve de ses voiles !... Ou bien était-ce elle-même qui voyait toutes choses à travers le brouillard de ses regrets, de son intime et profonde souffrance ?

Dans un geste douloureux, elle leva les mains au ciel en laissant échapper un sanglot... Un cri d'angoisse retentit derrière elle.

– Isabelle !

Elle se retourna en tressaillant au son de cette voix bien connue. Au débouché d'un sentier dévalant vers la lande apparaissait Gabriel... mais Gabriel livide, les traits contractés, une expression d'horreur et d'indicible reproche dans le regard. Son bras se tendait comme pour empêcher un acte criminel... et une soudaine lumière se fit dans l'esprit d'Isabelle.

– Non, non !... Oh ! ne croyez pas cela ! cria-t-elle en étendant les mains vers lui en un mouvement de protestation ardente. Autrefois... oui, je l'aurais fait certainement, mais maintenant je sais que je dois tout souffrir plutôt que de me donner la mort...

Elle descendit de la pierre et fit quelques pas vers M. Arlys qui demeurait immobile et singulièrement pâle.

– ... Non, je n'aurais pas fait cela... Vous avez peu de confiance en moi, monsieur Arlys, dit-elle d'un ton de reproche timide.

Un tressaillement agita Gabriel. Il s'avança à son tour, et Isabelle remarqua avec une stupeur pleine d'émotion que cet homme si parfaitement maître de lui-même tremblait extrêmement.

– Je suis en effet coupable, dit-il de sa belle voix profonde, un peu frémissante. Mademoiselle, il est vrai que j'ai eu cette pensée, mais vous me pardonnerez peut-être un jour en songeant quel spectacle effrayant vous présentiez, seule au bord de l'abîme, dans cette attitude de désespoir. Je n'ai pas été maître de ma première impression et j'ai eu peur... Il y a peu de temps encore, vous ignoriez tout de Dieu, de ses commandements, de ses défenses, vous paraissiez faire si peu de cas de la vie !... Mademoiselle, je ne puis que vous demander d'essayer de me pardonner plus tard cette crainte d'une seconde, ajouta-t-il en s'inclinant devant elle.

D'un mouvement spontané, elle lui tendit la main.

– Non pas plus tard, mais en ce moment même. Comme vous le dites, il était permis de se méprendre... et, au fait, il doit vous sembler bizarre et peu d'accord avec une tête sensée de me trouver ici à cette heure, et par ce temps. Mais vous ne savez pas...

Elle s'arrêta, suffoquée par la pensée renaissante, effroyable comme un cauchemar, du mariage qui lui était imposé. Mais elle lut dans les yeux de Gabriel une interrogation anxieuse et continua d'un ton bas et brisé :

– ... Vous ne vous doutez pas que je fuis ma grand-mère parce que... Mais, monsieur Arlys, vous pourrez me renseigner sur cela. Suis-je obligée de lui obéir quand elle m'impose une union odieuse ?... alors que je préférais être roulée là, sur ces rochers, par ces eaux effrayantes ! fit-elle dans un cri de poignante douleur.

M. Arlys eut un brusque mouvement de recul et l'altération de ses traits s'accentua. Il détourna les yeux et parut faire un excessif effort sur lui-même pour répondre avec une apparence de calme à la question posée moins encore par les lèvres d'Isabelle que par le beau regard angoissé qui se tournait vers lui.

– L'obéissance n'est pas exigée en ce cas, très certainement. Si vraiment cette union vous inspire une telle répulsion, si elle ne vous promet que tristesses et regrets, si, surtout, vous craignez d'y perdre le don précieux de la foi qui vient de vous être accordé, il serait affreux d'engager dans cette voie votre jeune vie, et vous avez le droit de résister, respectueusement et fermement... Mais vous souffrirez, mademoiselle...

– Qu'importe !... oh ! qu'importe, pourvu que ce mariage ne s'accomplisse pas ! fit-elle dans un élan de joie douloureuse. Je vous ai dit que j'aimerais mieux mourir tout de suite... eh bien ! j'userai peut-être mes forces en luttant contre la volonté de ma grand-mère, je mourrai même, qui sait ?... mais je ne céderai jamais, puisqu'elle ne peut m'y obliger !

Il la regarda, si frêle et si délicate, mais redressée en cet instant dans un mouvement d'inéluctable décision, une flamme de fermeté virile dans ses belles prunelles violettes qui savaient si bien refléter toutes les émotions et les douceurs féminines... D'un ton pensif, comme en se parlant à lui-même, il murmura :

– Oui, vous saurez souffrir... mais enfin, n'aurez-vous pas aussi un peu de bonheur ! Les joies de l'enfance, la tendresse d'une mère, les consolations de la religion vous ont manqué jusqu'ici ; il semblerait qu'un rayon de félicité, encouragement divin, doive un jour illuminer votre vie... Mais, mademoiselle, vous allez être absolument transpercée ! Entrons dans la chapelle ! s'écria-t-il tout à coup.

De larges gouttes de pluie, d'abord espacées, tombaient depuis un instant sans qu'ils s'en aperçussent. Mais maintenant c'était l'averse torrentielle, projetée avec violence par les rafales qui faisaient rage... Isabelle et Gabriel s'élancèrent vers la chapelle dont le jeune homme ouvrit avec quelque difficulté la porte aux ferrures rouillées.

Un pas précipité se faisait entendre dans le sentier proche de la chapelle, et, au moment où les jeunes gens s'engouffraient dans le petit temple, quelqu'un les rejoignait avec une exclamation de surprise joyeuse... Gabriel se détourna, et lui aussi laissa échapper un cri de stupeur.

– Monsieur Marnel !

– Oui, moi-même ! dit l'écrivain en se secouant vigoureusement. Moi-même qui suis à la recherche de cette pauvre fugitive... Je l'ai entendue partir, j'ai soupçonné son dessein, et, le temps de décrocher mon manteau, me voilà parti à travers la lande. Je me suis trompé de sentier, je me suis trouvé retardé... et cependant je tremblais...

– Pourquoi donc ? demanda Isabelle en posant sur lui ses grands yeux tristes.

Il ne parut pas avoir entendu et se mit en devoir d'enlever son vêtement ruisselant. Mais Isabelle dit avec une calme mélancolie :

– Vous aviez sans doute la même idée que M. Arlys lorsqu'il m'a vue là-bas, au bord du torrent ?... Vous craigniez de ma part un instant de désespoir, monsieur Marnel ?

– Eh bien ! oui, je l'avoue, ma chère enfant ! dit-il résolument. La secousse a été rude pour vous, et vous êtes une convertie de fraîche date. J'ai eu peur... Pardonnez-moi, men enfant.

Elle lui tendit sa petite main glacée.

– Je vous pardonne comme j'ai pardonné à M. Arlys, dit-elle doucement. Mais je regrette de vous avoir occasionné cette course par ce temps épouvantable.

Il secoua les épaules avec insouciance.

– Bah ! peu m'importe !... Sylvie va m'en vouloir à mort, mais tant pis, je lui ai dit son fait et je le lui répéterai encore... Comprenez-vous, Arlys, qu'elle veuille faire de cette enfant la femme d'un Aristide Piron !...

– Quoi ! ce serait cet homme ! s'exclama sourdement Gabriel.

Il revoyait nettement le personnage rencontré un jour dans une propriété voisine, avec son apparence vulgaire, sa suffisance, son étroit orgueil de paysan enrichi et son manque total de croyances... Et, devant lui, se tenait la délicate et aristocratique jeune fille destinée à ce rustaud pétri de vanité.

Isabelle se laissa tomber sur une marche de l'autel – un bijou de pierre sculptée qui s'effondrait lamentablement. Au-dessus se dressait une grande croix de granit brut à laquelle un bras manquait ; mais, dans l'obscurité, elle n'en produisait pas moins un effet saisissant par son aspect rude et écrasant et sa disproportion avec les dimensions exiguës de l'autel et de la chapelle.

Le capuchon de la jeune fille avait glissé, entraînant la torsade de sa chevelure, et les belles ondes argentées s'épandaient sur le manteau de laine grossière, entourant d'un pâle rayonnement ce visage si blanc et si fin. Dans la vague lueur déversée par le jour finissant, au milieu de ces débris gothiques, elle semblait une mystérieuse apparition d'un autre âge, une des nobles châtelaines dont les pierres tombales gisaient, brisées, dans un coin de la chapelle... Mais elle était bien vivante, car elle frissonnait sous le courant d'air formé entre les fenêtres béantes.

— Il n'y a pas moyen de rester ici. Mieux vaudrait encore demeurer sous la pluie, dit Gabriel en s'avançant.

Il était demeuré près de la porte, en discrète contemplation devant le délicieux tableau offert à son regard... En tournant derrière l'autel, il découvrit une petite sacristie dont l'étroite fenêtre gardait intacte sa vitre tapissée de toiles d'araignées. Il y apporta une pierre pour servir de siège à Isabelle, et demeura debout, ainsi que M. Marnel, tous deux appuyés contre ce qui avait été une armoire et ne présentait plus qu'un enfoncement béant où gisaient quelques planches vermoulues.

Gabriel semblait écouter attentivement le bruit de la pluie qui se déversait avec violence... mais, au bout d'un instant, il dit, comme continuant tout haut sa pensée :

— Et vous croyiez, pauvre enfant, agir sagement en fuyant ainsi ! Qu'auriez-vous fait ?... Que seriez-vous devenue ? Votre sagesse, votre courage vous avaient donc complètement abandonnée ?

— Oui, je crois que j'étais un peu folle... mais je souffrais tant ! dit-elle en froissant ses mains l'une contre l'autre dans un mouvement de douleur. Je ne sais pas encore bien prier, et je me suis sentie soudain faible, pauvre, abandonnée, n'ayant plus qu'une pensée, un désir : fuir cette maison, où je ne trouvais que la souffrance. Sans vous, je serais peut-être à cette heure dans la lande, dit-elle en frissonnant.

— Heureusement, je n'ai pas manqué aujourd'hui, malgré la tempête, ma promenade quotidienne. Le but en est presque toujours cette chapelle que j'ai en grande affection, et j'y venais ce soir dans l'espoir de jouir d'un beau spectacle sur cette petite hauteur.

– Et mademoiselle Isabelle vous en a empêché ? dit M. Marnel.

Gabriel sourit en désignant d'un geste la fenêtre contre laquelle la pluie faisait rage.

– Avouez que la contemplation serait héroïque ! J'apprécie beaucoup plus en ce moment cet abri, si peu confortable soit-il... Une chose m'ennuie cependant : l'inquiétude de mon oncle et de mes cousines en me croyant sous ce déluge.

– Oui, ils vont certainement se tourmenter. Mais comment faire ?

– Il n'y a qu'à attendre, mademoiselle. Ces averses sont ordinairement très fortes, mais assez courtes. Dans peu de temps nous pourrons, je crois, revenir vers nos demeures.

– Ah ! oui, retourner à Maison-Vieille ! dit-elle avec un tressaillement. Vous m'avez dit quelquefois que j'étais courageuse et cependant, voyez, j'ai peur de la lutte... Dans cette maison, je vais retrouver la sérénité glaciale de ma grand-mère, l'affection banale de ma tante, un peu d'attachement égoïste de la part des domestiques dont je suis l'aide et parfois la servante... mais personne qui s'inquiète de ma souffrance, personne pour me dire : Isabelle, quelle est ta peine ?... Ne puis-je te consoler ?... Ah ! dit-elle avec un sanglot, cela a été en tout temps ma peine la plus dure. Enfant, j'ai été confiée à des étrangers sévères par les recommandations de ma grand-mère. Jeune fille, je n'ai connu près d'elle qu'une froideur écrasante, une autorité impérieuse... J'avais autrefois une nature extrêmement enthousiaste, avide de tendresse, passionnée pour le beau. Les difformités physiques m'épouvantaient, et je n'ai véritablement vaincu cette impression que depuis quelque temps... depuis que Régine m'a appris qu'il n'y a d'affreux que le péché. Mais ces penchants de ma nature ont été vigoureusement attaqués... Alors, ne pouvant et ne voulant pas les faire disparaître, je les ai cachés sous un masque de calme, d'impassibilité jamais démentie. Ce que j'ai souffert ne se peut exprimer... Je me comparais à un être plein de vie enfermé dans un sépulcre de glace. Je m'étais ainsi formé, instinctivement, une personnalité extérieure qui a trompé ma grand-mère. Elle m'a crue à point pour son projet... Elle n'avait pas compris que la petite flamme d'idéal allumée en moi par Dieu était demeurée, bien faible, mais indestructible, par une miséricordieuse permission de ce Dieu qu'elle ne connaît pas, et qu'il m'était impossible de devenir l'épouse d'un Piron.

– Il faut en effet que votre aïeule vous connaisse bien peu. Je ne comprends pas cet aveuglement de la part d'une femme intelligente ! s'écria M. Marnel.

– Lui imposer ce rustre, alors que tant de nobles et brillants partis pourraient lui être offerts ! murmura Gabriel.

Elle tourna vers lui un regard empreint d'une sincère surprise.

– À quoi pensez-vous, monsieur Arlys ?... Un brillant mariage, à moi ! Outre que je m'en soucie peu, il est fort improbable que l'on songe jamais à la pauvre créature que je suis, ignorante et sans esprit, inapte à tout ce qui plaît au monde...

– Ignorante et sans esprit ! répéta Gabriel sans pouvoir retenir un sourire. Qu'en dites-vous, monsieur Marnel ?

L'écrivain eut un joyeux éclat de rire.

– Oui, Arlys, mademoiselle d'Effranges est ignorante... mais seulement d'elle-même. Sachez, mademoiselle, que la moitié des jeunes filles que nous rencontrons dans le monde ne possèdent que des parcelles de savoir dans leur pauvre cervelle et ne sont capables que de jacasser sans trêve sur leurs frivoles occupations... Tandis que vous !...

– Vous êtes tous deux trop indulgents, mais tous ne sont pas ainsi, dit-elle d'une voix un peu tremblante. Il est certain qu'un homme sérieux, savant, épris d'idéal, se souciera peu d'unir sa vie à une femme qu'il devra instruire et former sur tout, à une faible créature ne lui apportant qu'un cœur bien pauvre, un caractère trop accoutumé à la tristesse et par là même bien peu attrayant...

– Mademoiselle Isabelle, ne parlez pas ainsi !... s'écria Gabriel.

Il s'interrompit brusquement. Si l'ombre n'avait pas envahi la chapelle, Isabelle l'eût vu frémir et serrer les lèvres pour retenir les mots qui allaient en jaillir... Mais M. Marnel s'avança et posa sa large main sur l'épaule du jeune avocat.

– Oui, vous avez raison de protester, Arlys, dit-il gravement. Mademoiselle Isabelle ne se connaît pas... et elle ne vous connaît pas, car sans cela, mademoiselle, vous auriez compris, clair comme le jour, et comme je l'ai compris moi-même cette après-midi en vous voyant l'un près de l'autre... que vous étiez l'épouse rêvée par Gabriel Arlys.

Une exclamation étouffée s'échappa des lèvres d'Isabelle... Gabriel murmura d'une voix sourde :

– Monsieur Marnel, pourquoi lui avez-vous dit cela ?... Je ne voulais pas profiter de son découragement, des circonstances un peu singulières dans lesquelles nous nous trouvons, pour lui apprendre que mon rêve était de devenir son soutien, son époux dévoué jusqu'à la mort...

– Eh ! je l'ai bien compris, parbleu !... C'est pourquoi j'ai pris les devants, car sachez-le, Arlys, ce que je viens de révéler à mademoiselle Isabelle sera une aide puissante dans la lutte qu'elle va soutenir contre sa grand-mère. Tôt ou tard, elle vaincra. Sylvie n'est pas mauvaise, au fond... et qui sait même si elle n'aime pas un peu sa petite-fille ?

– Étrange manière d'aimer, en tout cas ! s'écria Gabriel d'une voix vibrante. Mais peut-être avez-vous raison, monsieur... Mademoiselle Isabelle, vous avez entendu M. Marnel. En quelques mots, il vous a exprimé mon plus cher désir... M'autorisez-vous à demander votre main à madame votre grand-mère ?

Il avait parlé d'une voix lente et basse, les bras croisés sur sa poitrine, son beau regard grave et doux fixé sur Isabelle qu'il distinguait à peine dans la pénombre... Elle se dressa debout, tremblante d'une indescriptible émotion, et balbutia :

– Moi !... moi ! Mais c'est impossible ! Que feriez-vous de moi ?

– Une femme chrétienne, dans le sens le plus admirable de

ce mot, dit doucement Gabriel. Dès le jour où je vous ai vue à la Verderaye, j'ai pressenti les magnifiques qualités mises en germe par Dieu en votre âme, je les ai vues ensuite éclore rapidement au contact de mes pieuses et bonnes cousines... Je crois que vous serez une épouse intelligente et ardemment dévouée, une mère admirable, ferme et tendre... que vous serez pour les pauvres une protectrice, pour votre mari un conseil dans ses travaux austères, pour tous une joie et une consolation. Voilà ce que je ferai de vous, avec l'aide toute-puissante de Dieu... Peut-être suis-je égoïste et présomptueux en osant demander un pareil trésor... mais je n'ai jamais trouvé sur ma route celle qui répondait à mon idéal... jamais, jusqu'au jour où je vous ai rencontrée ici... Mais si vous me trouvez téméraire, mademoiselle, dites-le-moi, et vous me connaissez assez pour savoir qu'il ne sera plus question de ce sujet.

Elle était demeurée immobile, les yeux un peu baissés, ses petites mains croisées sur son manteau brun. Aux derniers mots de Gabriel, elle leva vers lui son visage rayonnant de bonheur.

– Si ma grand-mère l'autorise, je serai votre femme... Sinon, je serai votre fiancée, toujours.

Il s'inclina et baisa la main qui lui était tendue. Aucun discours ne pouvait égaler pour lui l'accent de cette jeune voix, toute vibrante d'une émotion puissante, le regard limpide de ces grands yeux que les lueurs mourantes du jour lui avaient laissé entrevoir.

– À la bonne heure, voilà un premier pas de fait ! murmura M. Marnel en se frottant les mains. Maintenant, à l'assaut de Sylvie !... Hum ! ce sera dur... mais cette petite Isabelle, depuis qu'elle se réveille, est réellement charmante, et sa grand-mère finira bien par se laisser gagner. Elle n'est pas de roc, après tout !

Isabelle était retournée s'asseoir. Gabriel demeura près de la fenêtre. Aucune parole ne fut plus échangée entre eux. Ils n'en avaient pas besoin pour se comprendre, et ces deux cœurs battaient à l'unisson, s'irradiaient du même pur bonheur en ces courts instants qui les séparaient des tristesses prévues, des luttes pénibles et peut-être longues.

XII

La pluie cessait enfin, Gabriel le constata avec un intime regret. Il fallait retourner à Maison-Vieille... Isabelle rajusta son capuchon et sortit de la chapelle à la suite de M. Marnel et de M. Arlys. Dehors, Gabriel lui offrit le bras et, avec cet appui solide, elle put avancer dans le sentier détrempé.

Mais la tempête faisait rage, paraissant éprouver un malin plaisir à lancer ses rafales au visage des jeunes fiancés. Le vent, extrêmement rafraîchi par la pluie, faisait frissonner Isabelle, et, en la voyant pâle et transie, se traînant presque maintenant, Gabriel songea avec une sourde inquiétude qu'elle était faible et délicate, bien peu capable de supporter un tel assaut.

Enfin Maison-Vieille apparaissait. Des lumières brillaient au rez-de-chaussée, du côté de la lande. Là était la galerie où travaillait sans doute madame Norand, tandis que mademoiselle Bernardine tricotait ou somnolait... Isabelle s'arrêta à quelques pas de la maison.

– Quand nous reverrons-nous ? murmura-t-elle mélancoliquement. Je suis tellement certaine que ma grand-mère refusera !...

– Peut-être au premier moment, mais ensuite !... Ayez confiance, mes pauvres enfants, dit M. Marnel d'un ton encourageant.

– Oui, ayons confiance en Celui que nous connaissons et aimons maintenant tous deux... Je voudrais tant avoir bientôt le droit de vous dire : « Isabelle, quelle est votre peine ? Ne puis-je vous en consoler ? » murmura Gabriel avec une infinie douceur.

– Pensez du moins que maintenant je serai forte et résignée, parce que je suis heureuse... Oh ! si heureuse, malgré les épreuves qui m'attendent ! J'ai l'espérance...

Leurs mains se serrèrent et Gabriel s'éloigna à grands pas.

M. Marnel laisse retomber le lourd marteau de la porte d'entrée. Mélanie vint ouvrir et recula avec un petit cri de surprise.

– Comme vous êtes pâle, mademoiselle !...

Écartant la vieille femme, M. Marnel et Isabelle entrèrent. Sur le seuil de la galerie apparaissait madame Norand, droite et implacable comme une statue de la Justice. D'un geste bref, elle fit signe à sa petite-fille d'approcher.

Isabelle, envahie par un froid intense, se sentait chanceler, la tête lui tournait et ses dents claquaient avec violence. Il lui sembla qu'elle mettait un temps considérable pour franchir la courte distance qui la séparait de sa grand-mère... Silencieusement, celle-ci entra dans la galerie et Isabelle l'y suivit, ainsi que M. Marnel.

– Sylvie, cette enfant est glacée... commença ce dernier.

Un geste de madame Norand l'interrompit. Elle saisit le bras d'Isabelle et l'attira sous la lueur d'une lampe.

– Venez-vous de la Verderaye, créature folle et rebelle ? dit-elle durement.

– Non ! murmura Isabelle qui se sentait envahie par une étrange oppression.

– Non ?... Mais alors, qu'avez-vous fait ?... Répondez donc ! dit-elle en la secouant impatiemment.

– Mais vous ne voyez donc pas que cette pauvre petite se trouve mal ! s'écria M. Marnel en se précipitant.

Le bras encore vigoureux de madame Norand retint Isabelle qui glissait à terre, et, aidée de l'écrivain, elle la transporta dans un fauteuil où la jeune fille perdit complètement connaissance.

– Elle est absolument glacée... Il serait préférable de la coucher tout de suite, dit M. Marnel en considérant avec compassion le mince visage si pâle sous le capuchon brun.

Un peu plus tard, Isabelle était étendue dans son petit lit étroit et dur comme un lit de camp. Elle avait repris ses sens, mais la fièvre la gagnait, brûlant ses membres tout à l'heure d'une froideur de marbre. Elle s'agitait et murmurait des mots sans suite en regardant sans la reconnaître sa grand-mère debout près du lit.

– Sa fiancée... toujours !... Pas M. Piron ! J'aime mieux mourir !... Grand-mère ne voudra jamais... elle me déteste, elle veut que je sois malheureuse... Mais je suis heureuse... je serai bientôt sa femme... sa femme !... Oh ! j'ai peur de grand-mère !

Très pâle, les traits contractés, madame Norand écoutait ces paroles murmurées par la faible voix d'Isabelle... Aux derniers mots, elle se détourna brusquement, comme si la vue de ce joli visage effrayé et souffrant lui était insoutenable.

....

... Tamisée par un store épais, le soleil entrait dans une grande chambre un peu sombre et mettait des reflets joyeux sur les vieux meubles de poirier sculpté et sur une jeune tête blonde appuyée au dossier d'un fauteuil. Il éclairait le pâle visage d'Isabelle d'Effranges, et l'un de ses plus brillants rayons entourait d'une auréole d'or la chevelure de Régine Brennier, assise près de son amie.

Isabelle avait vu de près la mort. Une pleurésie s'était déclarée, laquelle s'était trouvée compliquée par l'état de faiblesse de la jeune fille. Avec une infatigable ténacité, et sans jamais laisser paraître la moindre inquiétude, madame Norand avait lutté contre la maladie, toujours à son poste au chevet d'Isabelle. Bien vite, mademoiselle Bernardine avait senti ses forces fléchir, mais l'aïeule avait trouvé des aides dévouées dans les jeunes filles de la Verderaye... Son premier mouvement, en les voyant arriver aussitôt qu'elles eurent connaissance de la maladie d'Isabelle, avait été de rompre brusquement ces relations. Mais elle se souvint d'une parole dite par le médecin en quittant la chambre de la jeune fille : « Il lui faut trouver, à ses moments lucides, des visages aimés, gais et encourageants penchés sur elle, et surtout, il importe d'éviter toute contrariété à cette organisation ébranlée. »

En conséquence, madame Norand avait accepté l'aide de

ses jeunes voisines, mais avec une condition expresse... Le lendemain de ce jour où Isabelle avait fui Maison-Vieille, M. Brennier, ignorant encore la maladie de la jeune fille, était venu pour solliciter sa main en faveur de son neveu. Il s'était heurté à un inébranlable refus, et ce que madame Norand avait exigé de ses filles, c'était la promesse formelle de ne jamais prononcer le nom de Gabriel. Elles y acquiescèrent, sachant qu'il n'était pas besoin de raviver ce souvenir au cœur d'Isabelle... Celle-ci n'y fit allusion qu'une fois, au début de sa convalescence. Elle demanda un soir à Régine :

– M. Arlys a-t-il fait sa demande à grand-mère ?

– Oui, ma chérie, il y a déjà quelque temps, avait répondu Régine avec une tendre compassion.

Isabelle ne s'informa pas de la réponse. Elle laissa retomber sa tête sur les oreillers et demeura longtemps immobile, les mains jointes, son beau regard mélancolique et résigné tourné vers la fenêtre qu'enflammait le soleil couchant... Dès lors, elle n'avait plus reparlé de Gabriel.

En cette rayonnante et très chaude après-midi de fin d'août, les deux jeunes filles causaient du mariage de Danielle, fixé au commencement de l'automne. Paul des Orelles avait déjà retenu un appartement dans la même maison que son beau-père.

– Antoinette doit être heureuse de ne pas se séparer de sa sœur, fit observer Isabelle. Ce mariage met sans doute le comble à ses vœux ?

– Oui, en un sens... Pauvre Antoinette ! murmura Régine dont la physionomie sereine s'attrista.

– Pourquoi dites-vous cela, Régine ? s'écria Isabelle avec surprise.

Mademoiselle Brennier lui prit la main, et enveloppa la jeune fille de son doux et profond regard.

– Ma chère Belle, je vais vous l'apprendre, car ma noble et courageuse sœur sera pour vous un exemple... Antoinette a été fréquemment demandée en mariage, et entre autres par Paul des Orelles. Elle avait vingt ans, lui vingt-quatre. Comme les autres,

108

elle l'a refusé, car elle ne voulait à aucun prix abandonner la tâche léguée par notre mère, mais pour celui-là, Isabelle, elle a pleuré. Je l'ai vue, ma pauvre sœur... Il n'y a que moi qui connaisse son secret. Tous, à commencer par Danielle, ont cru qu'il lui était indifférent... Nous l'avions peu revu pendant plusieurs années, puis, l'été dernier, nous trouvant à la même plage, les relations ont été renouées... Peut-être Antoinette a-t-elle un instant espéré que l'ancien projet reprendrait cours. Elle aurait sans doute accepté maintenant, car Danielle et moi étions capables de la remplacer... Mais il est encore jeune, très gai, et Danielle était plus appropriée à son âge et à son humeur qu'Antoinette vieillie avant l'âge. Elle l'a compris, ma sœur chérie, et n'a laissé voir sa souffrance à personne. Elle a souri, elle a pris sa part des projets d'installation du futur ménage, mais personne n'a connu le brisement de son cœur.

– C'est pour cela qu'elle avait pleuré ! murmura Isabelle en songeant à ce matin où elle avait rencontré Antoinette sur le seuil de l'église. Vous avez raison, Régine, votre sœur, si patiente, sereine et courageuse, sera un exemple pour moi, si faible et si peu résignée... Mais, Régine, il y a quelqu'un qui n'aurait pas agi comme M. des Orelles... Il n'aurait pas oublié, lui ! s'écria-t-elle dans un élan d'ardente confiance.

– Les êtres comme Gabriel sont rares, ma petite Belle. Il en aurait fallu un pour comprendre le trésor de dévouement, d'affection et d'intelligence contenu dans le cœur d'Antoinette... On ne peut exiger des sentiments aussi élevés du commun des hommes, même des meilleurs, comme Paul qui possède incontestablement de belles et sérieuses qualités.

Elle demeura un moment silencieuse, le menton appuyé sur sa main, et reprit doucement :

– Vous rappelez-vous, Isabelle, cette scène de Polyeucte que nous dit un jour Gabriel ?... Polyeucte dit à Pauline : « Je vous aime... beaucoup moins que mon Dieu mais bien plus que moi-même. » Voilà une phrase que pourrait loyalement prononcer Gabriel..., mais bien peu auraient le droit de l'imiter. Là se trouve le secret de sa supériorité.

Elle s'interrompit, un peu confuse en songeant qu'elle

venait involontairement de manquer à la parole donnée à madame Norand. Mais Isabelle ne continua pas la conversation et prit un ouvrage de crochet dans lequel elle parut s'absorber.

M. Marnel arriva peu après, apportant quelques livres. Depuis la convalescence d'Isabelle, madame Norand s'était relâchée de ses principes rigides, et les volumes d'histoire, de poésie, de littérature, judicieusement choisis, avaient été extraits de la bibliothèque par M. Marnel pour venir instruire et distraire la jeune malade. L'excellent homme, par sa gaieté fine, sa bonté inépuisable et ses spirituelles conversations, avait été d'un puissant secours pour aider Isabelle à surmonter sa faiblesse et sa lassitude morale. Il lui témoignait une affection paternelle qui encourageait la jeune fille et formait un saisissant contraste avec la froide réserve de madame Norand.

– Mademoiselle Régine, voici votre affaire... plusieurs volumes des Pères de l'Église. Vous pourrez faire un cours de théologie à Isabelle, dit-il en entrant.

Il professait une respectueuse admiration pour mademoiselle Brennier, « la jeune sainte », comme il la désignait parfois à Isabelle, mais il avait souvent avec elle des discussions religieuses – très calmes et très courtoises – dont lui, l'intelligent et célèbre écrivain, ne sortait jamais victorieux.

Il se mit à causer gaiement. Régine lui donnait la réplique, mais Isabelle demeura silencieuse, toujours absorbée dans son travail, semblait-il... Cependant, si quelqu'un le lui avait pris des mains, on eût constaté dans les points d'étranges erreurs.

... La première sortie d'Isabelle fut pour la Verderaye, d'où Gabriel et Alfred étaient partis depuis quelque temps déjà. Elle revit les lieux où elle avait appris à connaître la belle et attirante nature de celui qui était maintenant son fiancé. Son souvenir était partout : dans le parloir, dans la jardin où si souvent ils s'étaient promenés, elle religieusement attentive, lui traitant de hauts sujets sociaux et religieux avec cette clarté et ce charme d'élocution qui étaient en lui à un degré remarquable... sur la terrasse, surtout, où elle avait eu pour la première fois l'intuition de l'intérêt profond qu'elle inspirait à cet homme d'élite, en ce jour où, empruntant les paroles du héros de Corneille, il avait dit avec tant de chaleur : *Seigneur, de vos bontés il faut que je l'obtienne.*

Oui, partout elle le revoyait... mais nulle part encore comme à la chapelle de Saint-Pierre où elle se rendit quelques jours après en compagnie d'Antoinette. Grave et pensive, elle s'assit sur la pierre – cette pierre maudite d'où s'était précipitée la criminelle châtelaine d'Abricourt. Le soleil mettait des points lumineux et de frissonnantes lueurs sur les eaux grises ; dans les embruns, il jetait l'auréole radieuse d'un arc-en-ciel, et, de la rosée répandue sur les mousses, les orchidées sauvages et les fougères, il faisait une royale parure d'incomparables brillants... Des chants d'oiseaux s'échappaient du revêtement de lierre de la chapelle, et, à la base des vieilles murailles, une multitude d'œillets sauvages croissaient, agitant leurs têtes rouges au-dessus de l'herbe drue et rase.

– Isabelle, tout ne vous dit-il pas aujourd'hui : « Espérance ! » dit doucement Antoinette en voyant un nuage s'étendre sur le front de son amie. Ici, où vous avez vu la tempête, voici le calme, le rayonnement...

– Oui, j'espère... je veux être courageuse comme vous, chère, chère Antoinette.

– Comme moi !... Mais je le suis bien peu, ma pauvre enfant ! dit-elle avec un mélancolique sourire.

Elles revinrent vers Maison-Vieille à travers la lande rouge de bruyères. Le soleil enflammait ce tapis empourpré et désert... Au loin apparaissait la silhouette d'un pâtre couvert de sa cape, suivant son troupeau, point gris et mouvant dans l'immensité de la solitude. Des sons de clochettes traversaient l'espace. Dans le lointain horizon, les monts aux teintes pâles s'éclairaient de lueurs adoucies et bleuâtres.

Le long du sentier s'avançait une forme droite et hautaine. Malgré l'ombrelle qui cachait la tête de l'arrivante, Isabelle ne s'était pas un instant méprise. Elle savait aussi ce qui allait sortir de ces lèvres impérieuses.

– Isabelle, vous venez de la chapelle ?... Désormais, abstenez-vous d'y retourner. Les promenades sont ici assez variées sans choisir ce lieu trop propice aux rêveries inutiles.

Elle rebroussa chemin et revint avec les jeunes filles. Isabelle, la tête un peu penchée, marchait au bord de la falaise. Elle saisit tout à coup le bras d'Antoinette en disant d'un ton presque joyeux :

– Voyez, ce frêle petit bouleau a résisté à tous les assauts de la tempête. N'est-ce pas extraordinaire ?... Il était si mince, si penché, si seul près de cet effrayant abîme !... et le voici redressé, plein de vie. Les jours heureux sont venus pour lui... Ils ne seront peut-être pas refusés à la pauvre et faible Isabelle.

XIII

Le séjour de madame Norand à Maison-Vieille, habituellement prolongé jusqu'au début de l'hiver, fut très écourté cette année-là. Dès le commencement d'octobre, elle était de retour à Paris... Sans doute pensait-elle ainsi couper court plus facilement au souvenir qu'elle devinait toujours vivace chez Isabelle et qu'entretenait naturellement le vue quotidienne de ces lieux où elle avait connu Gabriel Arlys. La jeune fille se trouvait du même coup séparée de ses amies, au moins pour un peu de temps, car les Brennier demeuraient à la Verderaye jusqu'à la fin de l'automne, époque du mariage de Danielle.

Isabelle s'éloigna donc de ce petit coin de Corrèze où s'était transformée sa vie. Elle le quitta, triste et résignée... mais une espérance flottait en elle, et elle emportait dans son esprit l'image de cet horizon de bruyères, du torrent grondeur, de la chère maison grise, de la chapelle gothique, témoin de ses fiançailles.

L'existence d'Isabelle subit d'importantes modifications. Les vieux serviteurs furent remplacés par d'autres plus ingambes, et la jeune fille, dont la santé demeurait délicate, n'eut plus qu'une surveillance à exercer. Elle employa ses nombreux loisirs à compléter son instruction, aidée des conseils de M. Marnel. Madame Norand semblait avoir complètement renoncé à son système d'éducation et la laissait libre d'agir à sa guise. Elle persistait néanmoins à la tenir complètement éloignée du monde... de ce monde fascinant et impitoyable qui avait tué Lucienne.

Tout en s'initiant aux sciences profanes, Isabelle ne négligeait en rien son instruction religieuse. Mais sur ce terrain elle devait marcher prudemment pour ne pas éveiller l'hostilité de sa grand-mère. Régine, de retour à Paris, la guidait, la conseillait discrètement, éclairait les points un peu obscurs... Cependant, pour ne pas mécontenter madame Norand qui tolérait avec peine leurs relations, les amies se voyaient peu, et Isabelle demeurait fréquemment isolée dans le grand appartement silencieux. Mademoiselle Bernardine était retournée dans son castel du Berry, et sa personnalité, très effacée, mais sympathique néanmoins, manquait à la jeune fille. Madame Norand se livrait au travail avec une ardeur autrefois inconnue de sa nature froide et pondérée. Si une telle supposition avait été admissible se rapportant à cette personne orgueilleuse, on aurait pu penser qu'elle éprouvait le besoin de chasser une souffrance, une préoccupation ou un remords.

... Et un matin, cette femme vigoureuse et agissante fut trouvée sans mouvement. La paralysie avait arrêté ces jambes infatigables... elles ne reprirent leur exercice qu'après de longs jours et demeurèrent faibles et vite lasses.

Mais une main habile et douce se trouva là pour soigner la malade, un gracieux visage compatissant, essayant un timide sourire, se pencha fréquemment vers elle, et un bras très ferme malgré sa maigreur la soutint le jour où elle tenta quelques pas... La voix pure d'Isabelle prêtait un charme particulier aux lectures qu'elle faisait ; la jeune fille savait merveilleusement tourner un court billet de remerciement en réponse aux nombreuses demandes de nouvelles qui parvenaient chez madame Norand ; elle possédait le don très rare de causer judicieusement, au moment où elle s'apercevait que la malade en éprouverait quelque plaisir, et ses moindres paroles étaient toujours élevées, ses réflexions étonnamment profondes.

Toutes ces constatations furent faites intérieurement par madame Norand, et, un soir, elle en fit part à M. Marnel qui venait la voir au retour d'un voyage en Russie.

– En même temps, elle est ménagère accomplie et dirige supérieurement les domestiques. Je ne puis supporter les plats compliqués de la cuisinière, et Isabelle a reçu de ses amies Brennier une foule de petites recettes pour les estomacs capricieux ; elle les réussit merveilleusement... Vous voyez, Marnel, que mon système avait du bon ! dit-elle avec un petit accent de triomphe.

– Mais certainement, sur certains points... Faites de votre

petite-fille une ménagère, une bonne maîtresse de maison, rien de mieux... mais ne refoulez pas indistinctement tout élan, bon ou mauvais, de son jeune cœur, toute curiosité, tout désir de son esprit si élevé. Vous pouvez constater aujourd'hui l'harmonie parfaite produite par ces divers éléments : cœur tendre et dévoué, parfaite éducation ménagère, intelligence ouverte et développée.

– Oui, je ne puis le nier, je me suis trompée...

Ces mots sortirent avec difficulté de cette bouche hautaine. L'orgueil avait pu égarer et aveugler l'aïeule durant de longues années, mais quelques-unes de ses erreurs se dévoilaient si clairement que sa loyauté ne pouvait en refuser l'aveu.

– ... Je me suis trompée, et j'ai fait souffrir cette enfant. Je me suis privée moi-même d'une grande douceur : l'affection de cette créature charmante... J'avais tout fait pour l'éviter et j'y avais réussi jusqu'à sa maladie. En m'occupant journellement d'elle, en la voyant si douce, si patiente et si faible, j'en suis arrivée à l'aimer, chaque jour davantage... Et aujourd'hui, Marnel, après l'avoir trouvée toujours dévouée et attentive à mon chevet, sans un murmure ou un geste d'impatience, je sens que je ne pourrais vivre sans elle... que, malgré mes désillusions d'autrefois, je l'aime comme j'ai aimé ma Lucienne.

– À la bonne heure, Sylvie ! s'écria joyeusement l'écrivain en serrant avec force les mains de madame Norand. Cette chère petite Isabelle est enfin appréciée comme elle le mérite. Elle pourra désormais être heureuse... car vous ne tarderez pas à l'unir à M. Arlys, Sylvie ?

– Jamais ! dit une voix sèche.

Sur la physionomie de madame Norand, la fugitive émotion de tout à l'heure avait fait place à une inexorable dureté, et une lueur de colère brillait dans ces yeux un peu attendris un instant auparavant.

– Jamais ?... Vous voulez donc son malheur, Sylvie ?

– Rêves de jeune fille !... Elle s'en consolera vite, et peut-être même n'y pense-t-elle plus. Je ne veux pas la marier encore, je veux un peu jouir d'elle... et, en tout cas, je ne la donnerai pas à ce personnage qui a su très habilement profiter de son

115

découragement pour la circonvenir, et dont les idées sociales et religieuses, ridiculement exaltées, me déplaisent absolument. De ces idées, il a déjà, avec l'aide de ses cousines, fait pénétrer un bon nombre dans le cerveau d'Isabelle, et j'en ai connu hier les conséquences. Ayant appris par hasard qu'une grande partie de la petite pension que je lui fais depuis quelque temps passait entre les mains de deux famille pauvres du voisinage, je lui ai adressé des reproches sur cette charité exagérée. J'ai dû alors entendre cette enfant développer de transcendantes théories de charité, de sacrifice... bref, elle en est arrivée à m'avouer qu'elle étudiait la religion catholique, « dans laquelle elle est née », et me priait de l'autoriser à en suivre toutes les pratiques.

– Et vous avez dit oui ?

– J'ai refusé... Je ne puis donner mon consentement à cette bizarre idée qui transformerait Isabelle, jusqu'ici pratique et sensée, en une créature exaltée et mystique. Je la connais, elle en arriverait là...

– Mais, ma pauvre Sylvie, votre parti pris contre la religion vous égare absolument ! C'est par elle – seulement par elle, retenez-le bien, Sylvie – que votre petite-fille trouve le courage de supporter la souffrance imposée par votre obstination, c'est-à-dire la séparation d'avec son fiancé... C'est par cette religion encore qu'elle a su oublier vos torts et se montrer la plus dévouée des filles.

... Un matin de février, Isabelle fit sa première communion à la chapelle des Petites Sœurs des Pauvres dont une cousine de M. Brennier était supérieure. La cérémonie fut brève, mais particulièrement touchante. Comme spectateurs, tous les vieux, curieux et pleins d'admiration devant cette fête inusitée, les Petites Sœurs, modestes et recueillies... puis les Brennier, qui accompagnèrent tous la jeune fille à la Table sainte. Le frère de la défunte madame Brennier, religieux barnabite, prononça une courte et émouvante allocution.

Dans un angle de la chapelle, un homme se dissimulait... un homme au visage transfiguré par un surnaturel bonheur et dont les yeux ne quittaient la jeune chrétienne prosternée devant l'autel que pour se diriger vers le tabernacle avec une expression d'indicible reconnaissance. Mais il ne bougea pas de son refuge et s'y enfonça même plus profondément lorsque Isabelle, recueillie et pâle d'une sainte émotion, sortit de la chapelle... Gabriel Arlys, le fervent chrétien, jugeait qu'en cet instant aucune joie terrestre, si permise fût-elle, ne devait venir se mêler aux célestes félicités de cette âme qui possédait son Dieu pour la première fois.

L'inoubliable et mystérieux bonheur de cette matinée devait avoir laissé un rayonnement sur le beau visage d'Isabelle, car madame Norand, en la voyant entrer une heure plus tard dans son cabinet de travail, la considéra avec une surprise un peu inquiète. Toute la journée, la jeune fille sentit peser sur elle ce regard soupçonneux... Mais aujourd'hui, rien ne pouvait troubler sa sérénité, personne ne lui enlèverait Celui qu'elle possédait.

La maladie de madame Norand devait avoir pour Isabelle une conséquence inattendue... Quelques-unes des connaissances les plus intimes de la célèbre femme de lettres étant venues la voir parfois, s'étaient nécessairement rencontrées avec Isabelle. Frappées de sa beauté et de sa distinction, ces dames témoignèrent de leur surprise de la voir ainsi cachée à tous les yeux. Madame Norand fit d'abord la sourde oreille à leurs discrètes insinuations... mais un jour, elle se dit qu'elles avaient peut-être raison. La beauté d'Isabelle, et, plus encore, sa remarquable intelligence, lui assureraient une place prépondérante dans le monde... non le monde frivole où se plaisait uniquement Lucienne, mais celui des lettrés et des érudits. Le sérieux, la parfaite réserve de la jeune fille devaient d'ailleurs la préserver de tout entraînement trop vif vers les plaisirs mondains tels que les entendent la plupart des femmes, et elle n'y trouverait qu'une passagère distraction, suffisante pour chasser de son esprit les velléités religieuses qui le troublaient.

En conséquence de ces réflexions, les invités aux dîners hebdomadaires de madame Norand trouvèrent un soir près d'elle une jeune fille délicieusement jolie, un peu grave peut-être, mais fort gracieuse, en qui ils reconnurent de suite Isabelle d'Effranges, d'après le portrait que leur en avaient fait les amies de leur hôtesse. Désormais, ils la virent chaque jeudi... Ces savants, ces tristes lettrés, ces écrivains célèbres comprirent vite la valeur de cette jeune personne réservée et silencieuse et prirent plaisir à la faire causer pour entendre ses appréciations justes et concises, ses jugements empreints d'une douce charité, ses raisonnements si profonds qu'ils en demeuraient parfois stupéfaits.

Parmi ces hommes et ces femmes de talent, bien peu étaient chrétiens, sinon de nom, au moins de fait, et ceux-là même qui le demeuraient avaient laissé beaucoup d'ivraie envahir le bon grain dans leur cœur. Il y avait là des êtres qui professaient une philosophie toute païenne, d'autres qui, ayant depuis longtemps fait litière de leurs croyances, attaquaient audacieusement celles d'autrui et s'efforçaient de flétrir la religion dans leurs œuvres écrites en un style magique qui excusait, aux yeux de beaucoup, le fond profondément pervertisseur.

C'était en ce milieu dangereux pour sa foi qu'Isabelle était introduite... Mais, comme autrefois les bêtes féroces se couchaient aux pieds des jeunes martyres dans les arènes romaines, ainsi on put voir ces païens du XIXe siècle, discutant religion avec une jeune fille, convertie de la veille, se trouver maintes fois sans parole devant ses argumentations nettes et irréfutables, présentées avec une charmante modestie sous laquelle se devinait l'inébranlable fermeté de l'âme croyante. Devant ces yeux bleus lumineux et si purs, ces célébrités littéraires durent se demander parfois si leur fortune et leur renom valaient la perte de la foi et de la tranquillité de leur âme.

Bientôt Isabelle fut connue dans tout le Paris littéraire. Madame Norand, très flattée du succès de sa petite-fille près de ses amis, la conduisit dans divers salons où se réunissaient les personnalités les plus en vue du monde des arts et des lettres. Isabelle la suivait docilement, jouissant des satisfactions d'esprit qu'elle trouvait dans ces réunions, mais se refermant instinctivement, comme certaines fleurs à l'approche de la nuit, devant ce qui blessait sa délicatesse et ses croyances... D'ailleurs sa souffrance cachée, mais toujours vive, la rendait peu soucieuse de plaisirs, et elle n'éprouvait jamais de plus vives consolations que durant les courts instants passés au pied de l'autel, à une messe matinale, quand elle pouvait le faire sans attirer les soupçons de madame Norand qui ignorait encore que sa conversation fût un fait accompli. Elle se sentait alors en complète union avec Gabriel et pouvait librement parler de lui au Dieu plein de bonté qui avait seul le pouvoir de les réunir.

Les relations avec sa grand-mère s'étaient sensiblement modifiées. Elle sentait qu'une véritable affection existait maintenant pour elle dans ce cœur altier, malgré l'apparence de froideur dont ne se départait pas madame Norand. Elle-même avait plus d'abandon et de simplicité envers cette aïeule par qui elle avait tant souffert... Néanmoins, elle n'osa jamais lui parler de Gabriel. Un instinct lui disait qu'une aversion irraisonnée, mais jusqu'ici invincible, existait chez madame Norand à l'égard du jeune avocat chrétien... et aussi – chose ignorée de la jeune fille – une véritable jalousie contre celui qu'Isabelle aimait plus... bien plus qu'elle n'aimerait jamais sa grand-mère.

XIV

– Êtes-vous déjà prête, Isabelle ? Vous êtes décidément très vive pour votre toilette...

Tout en parlant, madame Norand entrait dans la chambre de sa petite-fille. Celle-ci, en toilette de soirée, achevait de boutonner ses longs gants. Elles se rendaient ce soir-là à une réunion demi-littéraire, demi-mondaine, organisée par la veuve d'un sculpteur célèbre, elle-même artiste et poète. Cette dame s'était prise d'une ardente sympathie pour Isabelle et tenait à l'avoir à toutes ses fêtes. La jeune fille y allait plus volontiers que partout ailleurs, car elle était sûre d'y trouver toujours Danielle dont le mari était cousin de madame Lorel.

Madame Norand s'était arrêtée au milieu de la chambre et considérait Isabelle avec un demi-sourire de satisfaction. La jeune fille était véritablement ravissante ce soir. Sa robe de soie rose pâle, à fines rayures Pompadour, tombait en plis souples qui accentuaient l'élégance de sa taille, et cette nuance délicate, qui semblait projeter un léger reflet sur le teint d'une transparente blancheur, s'harmonisait à merveille avec cette beauté tout de finesse et d'aristocratique simplicité... Sans hâte, la jeune fille remettait en ordre les menus objets qu'elle avait dû déranger pour s'habiller, car elle n'avait jamais recours aux services de la femme de chambre. Ses mouvements doux et gracieux étaient un charme pour les yeux, et madame Norand le constatait sans doute, car elle s'assit comme pour suivre à loisir les allées et venues de sa petite-fille.

– Venez ici, Isabelle, j'ai à vous parler, dit-elle tout à coup.

La jeune fille posa sur une table l'écrin qu'elle avait pris entre ses mains et vint s'asseoir sur un tabouret bas près de la grand-mère. Appuyant son coude sur le bras du fauteuil, elle leva ses yeux interrogateurs vers madame Norand... La main de celle-ci se posa presque avec tendresse sur l'épaule d'Isabelle.

120

– Isabelle, j'avais formé le projet de vous garder quelque temps à moi seule, car, mon enfant, j'avais à réparer le temps perdu autrefois à lutter contre votre affection... Mais j'ai récemment compris que la vie près d'une vieille femme manque d'attrait pour une jeune fille, même sérieuse comme vous l'êtes... et surtout, j'ai songé à cet avertissement, cette attaque qui peut se renouveler et me faire succomber brusquement. Vous seriez alors isolée, sans appui. Il faut donc que je vous confie à un époux, choisi entre cent, car vous avez le droit d'être difficile, Isabelle... Vous avez vu souvent à nos réceptions du jeudi Marcelin de Nobrac, ce jeune critique dont l'avenir s'annonce très remarquable. Il est essentiellement bon et sérieux, enthousiaste, dévoué aux nobles causes ; sa fortune est belle, son nom ancien, son physique très sympathique. Avec joie, je vous donnerais à lui, Isabelle, car il saurait vous rendre heureuse.

Isabelle l'avait écoutée en silence. Ses yeux, toujours attachés sur son aïeule, avaient pris une expression de pénétrant reproche... Elle se leva et dit d'une voix ferme :

– Vous oubliez, grand-mère, que je suis la fiancée de M. Arlys. Lui seul peut me rendre heureuse.

– Encore ! s'écria madame Norand avec violence. Je vous croyais à peu près guérie de cette folie... Faut-il vous répéter que jamais vous n'aurez mon consentement ?... Comment pouvez-vous vous croire engagée par ces fiançailles bizarres et complètement en dehors des usages ? Vraiment, la sagesse tant vantée de ce monsieur a subi un étrange accroc en cette circonstance, car il a très habilement profité d'un moment de détresse morale pour obtenir votre assentiment...

La jeune fille se redressa en étendant la main dans un geste de protestation. Une fierté indignée transformait son beau visage calme.

– Ne le calomniez pas, grand-mère ! Vous pourriez chercher longtemps dans votre entourage avant de rencontrer un être aussi parfaitement désintéressé et chevaleresque... Vous avez dû savoir, par M. Marnel, ce qui s'était passé à la chapelle et comment votre ami lui-même avait provoqué la demande que M. Arlys, par délicatesse, n'osait formuler, craignant précisément de profiter de cette détresse morale dont vous parlez... Et n'oubliez pas, grand-mère, que vous m'aviez, par votre dureté, donné le droit de manquer de confiance envers vous... Oui, je me crois engagée par ces fiançailles, consenties librement de part et d'autre... et, même si ce lien ne nous unissait pas, jamais... jamais, grand-mère, il ne m'aurait été possible de l'oublier.

Elle avait prononcé ces mots avec une ardeur contenue... Mais tout à coup, par un subit mouvement plein d'une grâce suppliante, elle se laissa glisser à genoux près du fauteuil de madame Norand.

– Permettez qu'il devienne votre fils... Je serais si heureuse !... Oh ! grand-mère !...

Sa voix se brisait et son doux regard voilé de larmes, plein d'une supplication passionnée, essayait de rencontrer les yeux qui se détournaient obstinément.

– Dites-moi, grand-mère...

– Il est inutile de me supplier, Isabelle, répliqua madame Norand d'un ton bref. Ma décision a été longuement mûrie, et je crois Marcelin de Nobrac absolument fait pour vous. Je l'inviterai plus fréquemment afin que vous ayez la faculté de mieux vous connaître.

– À mon tour je vous dis : jamais, grand-mère ! s'écria Isabelle toute frémissante. En aucun cas, je ne trahirais la parole donnée, et il faudrait qu'à lui... à lui !... j'inflige cette insulte, je cause cette douleur ! Ah ! grand-mère, vous ne savez donc pas comme je l'aime pour me proposer pareille chose ! s'écria-t-elle dans un élan de douloureux reproche.

Madame Norand se leva brusquement et sonna la femme de chambre d'une main agitée. On pouvait constater sur son visage altier une extrême émotion, mélange de colère et de souffrance... Elle s'enveloppa dans un long manteau, tandis que la jeune fille jetait sur ses épaules une soyeuse sortie de bal. Toutes deux gagnèrent en silence la voiture qui attendait et le trajet s'effectua sans qu'elles eussent échangé une parole.

Madame Norand se rasséréna quelque peu chez madame Lorel en constatant l'unanime admiration provoquée par la beauté d'Isabelle. Mais la jeune fille, toute préoccupée encore de sa récente discussion, était à peu près inconsciente de ce succès. Elle alla s'asseoir près de Danielle qui semblait particulièrement joyeuse ce soir-là et échangeait de malins coups d'œil avec son mari, debout à quelques pas au milieu d'un groupe masculin.

– Il paraît que le conférencier fait défaut, annonça-t-elle à Isabelle. C'était Gilles Balvand, le poète. Il s'est fait remplacer par l'un de ses amis, et l'on m'a assuré que le plaisir n'en serait pas moindre.

Elle s'éventa lentement, tout en regardant en dessous la jeune fille qui l'écoutait, distraite et un peu triste.

– Vous ne désirez pas savoir le nom de ce conférencier, Belle ? demanda-t-elle avec un sourire malicieux.

Isabelle ouvrait la bouche pour répondre... mais une transformation soudaine s'opéra. De délicates couleurs envahirent son teint blanc, et cette fois elles n'étaient pas dues au reflet de la robe rose. Ses yeux, rayonnants de bonheur, se tournaient vers un point de la salle où venait d'apparaître un jeune homme de haute taille, vers lequel les mains se tendaient avec empressement... Mais le regard de l'arrivant, saisi sans doute par une irrésistible attraction, se dirigeait vers la belle jeune fille vêtue de rose, comme si, en cette salle immense, il n'eût vu et cherché qu'elle. Pour la première fois depuis leurs fiançailles, ils se rencontraient.

Gabriel s'en alla vers la maîtresse de maison, et Danielle se pencha vers son amie, immobilisée dans sa joie soudaine.

– Maintenant, faut-il vous apprendre le nom du conférencier ?... ou bien le direz-vous vous-même, Isabelle ?

... Les différentes attractions de la soirée étaient uniquement dues au concours d'amateurs, mais tous gens de talent, et c'était à un public de choix, particulièrement difficile, que s'adressait la conférence. Avec une aisance remarquable, Gabriel présenta à cet auditoire d'élite plusieurs poètes contemporains. Son érudition, sa parole enveloppante et chaude, la parfaite sincérité qui était en lui charmèrent ceux qui l'écoutaient, et un véritable enthousiasme salua sa péroraison toute vibrante d'énergie et d'ardeur chevaleresque.

Dans un coin du salon, près de Danielle et de Paul, Isabelle savourait son bonheur... bien court, hélas ! Gabriel s'était approché d'elle tout à l'heure, l'avait saluée comme une étrangère ; ils avaient échangé quelques mots, pleins de banalités en apparence, mais renfermant pour eux une douce et fugitive joie. Puis, refusant le siège que Danielle lui montrait près d'elle, il s'était éloigné. Son tact parfait lui interdisait de mécontenter madame Norand dont il avait aperçu en entrant la physionomie hostile.

Au cours de la conférence, Isabelle avait plusieurs fois senti se poser sur elle son regard pénétrant et si doux... Mais il ne se rapprocha pas d'elle de toute la soirée. Pendant la petite sauterie qui s'organisa ensuite, il ne dansa pas et demeura debout dans l'embrasure d'une porte, suivant du regard la mince forme rose qui voltigeait à travers les salons. Peut-être faisait-il une comparaison entre l'élégante Isabelle d'aujourd'hui et la pauvre petite créature au grossier manteau brun qui fuyait un soir de tempête à travers la lande. Mais l'apparence seule était changée... Au fond, elle était bien demeurée la même, il l'avait lu dans ses yeux qui ne savaient pas mentir, dans son radieux et tremblant sourire.

Isabelle le revit un court instant pendant qu'elle revêtait sa sortie de bal. Il passa devant elle et la salua en même temps que madame Norand. Ses yeux bruns enveloppèrent d'un rapide et profond regard sa jeune fiancée, plus blanche que les dentelles flottant autour de son cou... D'un mouvement instinctif, elle tendit vers lui sa petite main. Il la tint une seconde entre les siennes, puis s'éloigna rapidement à travers la foule élégante qui encombrait le vestiaire.

Isabelle le regardait machinalement disparaître. Elle tressaillit un peu en sentant une main se poser sur son bras.

– Venez donc ! dit madame Norand avec impatience. Vous avez l'air d'être changée en statue et... vous êtes une insoumise et ridicule enfant, acheva-t-elle d'un accent de colère contenue.

– Non, madame, elle est de celles qui savent souffrir et

n'oublient jamais, dit près d'elle la voix grave de Danielle.

... Les émotions de la soirée avaient laissé leurs traces sur la physionomie d'Isabelle, ainsi que le constata Régine en venant le lendemain voir son amie... Tandis que Michel et Valentine, qu'elle avait amenés, jouaient dans un coin de la salle à manger, les deux jeunes filles se mirent à causer près de la fenêtre, tout en occupant leurs doigts à un ouvrage d'aiguille. Régine parla de son prochain départ pour le noviciat des Petites Sœurs des pauvres.

– Comme vous allez manquer à Antoinette ! dit Isabelle en considérant avec émotion cette admirable physionomie où transparaissait l'âme, pure et ardente.

– Ma pauvre chère Antoinette ! Nous nous entendions si bien ! murmura Régine d'une voix frémissante.

Elle croisa les mains sur ses genoux et demeura un instant silencieuse, la tête baissée sur sa poitrine. Une ombre semblait s'étendre sur son beau visage... mais elle s'enfuit bien vite devant le rayonnement qui s'échappa soudain du regard de Régine.

– Cela, c'est le sacrifice. Les quitter tous, mon père, mes sœurs !... Dieu le demande, et je suis prête... Antoinette aura Danielle tout près d'elle, et voici Henriette qui devient jeune fille. On dit qu'elle me ressemble et elle pourra déjà me remplacer... Mais avant de partir j'aurais tant voulu vous voir heureuse, chère Isabelle !

Un soupir gonfla la poitrine d'Isabelle. Ses doigts cessèrent de travailler et elle demeura rêveuse, regardant fuir les grands nuages gris sombre sur le ciel clair, teinté d'azur.

Une petite main se posa tout à coup sur la sienne, et, en baissant les yeux, elle vit le joli petit visage de Michel. L'enfant la regardait gravement, d'un air songeur... La jeune fille le prit sur ses genoux et, lui relevant le menton, plongea ses yeux dans ceux du petit garçon.

– À quoi penses-tu, Michel. Pourquoi me regardes-tu ainsi ?

– Mais... mais, Belle, tu avais l'air de pleurer... et je voulais

125

te consoler, moi ! cria-t-il d'un ton résolu.

Régine regarda son amie et constata que les yeux perspicaces de Michel avaient vu juste. C'étaient bien des larmes qui brillaient sous les grands cils blonds.

– Mon petit chéri, que n'as-tu ce pouvoir ! dit Isabelle en caressant tendrement les belles boucles blondes du petit garçon. Tu m'aimes vraiment, toi, puisque tu ne peux me voir souffrir !

Les jeunes filles ne s'étaient pas aperçues qu'un pas, assourdi par l'épais tapis, s'était rapproché, et qu'une main se posait depuis un instant sur le bouton de la porte. Mais personne n'entra et le pas s'éloigna, un peu lent et pesant.

Dans son riche cabinet de travail, devant son bureau couvert de volumes et de feuillets manuscrits, madame Norand s'était laissée tomber dans un fauteuil, et sa main soutenait sa tête hautaine qui se penchait avec accablement. Une véritable lutte, une immense souffrance se devinaient sur ce visage contracté.

– Celle qui la fait souffrir ne l'aime pas... Elle l'a dit, elle croit cela, cette enfant ! murmura-t-elle lentement, d'un ton amer. Après tout, elle a peut-être raison. Mais céder !... céder !... Non, c'est impossible !

D'un mouvement résolu, elle rapprocha son fauteuil de la table et se mit à écrire. Mais les lettres prenaient de bizarres formes tremblées, et madame Norand finit par reposer brusquement la plume sur l'encrier de bronze en disant avec une impatience irritée :

– Je ne suis plus bonne à rien ! Cette Isabelle me bouleverse et il est vraiment temps que je la marie. Dimanche, j'inviterai Marcelin à dîner... Pleurs de jeune fille sont vite séchés !

XV

Malgré l'élévation des toits entourant les quatre côtés de la cour, un mince rayon de soleil avait réussi à se glisser dans la lingerie, une petite pièce assez sombre où, cette après-midi-là, Isabelle repassait. Cette besogne ne lui incombait maintenant qu'en de très rares circonstances, comme aujourd'hui où, la femme de chambre étant malade, elle s'était offerte pour donner ce coup de fer à un garniture de corsage désirée par madame Norand... Il y avait d'ailleurs une notable différence d'aspect entre la jeune fille d'autrefois, vêtue comme une servante, et celle qui travaillait là en cet instant, si gracieuse dans sa robe de fin lainage bleu protégée par un tablier de batiste claire.

– Qui a sonné tout à l'heure, Rémi ? demanda-t-elle au valet de chambre qui passait devant la porte ouverte de la lingerie.

– C'est Jeanne qui a ouvert, mademoiselle, car je faisais une course en ce moment-là. Elle m'a bien dit le nom, mais avec sa prononciation allemande on n'y comprend rien. Ça avait l'air de finir en is... Elle a dit aussi que ce monsieur ne doit pas encore être venu ici, parce qu'il ne connaissait pas du tout le chemin du salon.

Rémi s'éloigna et Isabelle continua sa besogne, sans plus songer à cette visite qui se prolongeait... Non, vraiment, elle n'y songeait plus, et sa pensée s'envolait bien loin du grand appartement triste, vers la lande aux bruyères de pourpre, vers la grande maison grise que la jeune verdure des clématites et des rosiers devait maintenant escalader en conquérante. Là où elle avait vu si souvent Gabriel, elle le revoyait toujours, bien plus facilement qu'en cette salle de bal où il lui était apparu un temps si court, où il n'avait pu nécessairement se montrer « lui » comme il savait si bien le faire hors du monde.

Et quelques larmes s'amassaient sous les paupières d'Isabelle en songeant qu'elle était destinée à attendre, pendant longtemps peut-être, l'inestimable joie de lui être unie.

L'heureuse issue de cette situation lui paraissait en effet peu probable. Depuis la soirée de madame Lorel, sa grand-mère lui témoignait une extrême froideur, entrecoupée de paroles sèches ou acerbes que la jeune fille avait peine à supporter courageusement... Cependant, une détente semblait s'opérer depuis quelques jours, et la veille, Isabelle avait plusieurs fois surpris, fixé sur elle, le regard un peu triste mais affectueux de madame Norand. Ce matin même, deux ou trois fois, un léger sourire était venu détendre cette bouche sévère qui l'avait désappris si longtemps.

Ce changement coïncidait avec une longue visite de M. Marnel, après laquelle l'écrivain était sorti, très ému, et s'était éloigné non sans avoir fortement serré la main d'Isabelle. En se retrouvant un peu après avec sa petite-fille, madame Norand, qui semblait secrètement troublée, avait dit en affectant l'ironie :

– Ce Marnel devient aussi fou que vous, Isabelle. Le voilà qui donne pour tout de bon dans la religion. J'ai dû entendre tout à l'heure un véritable sermon, à tel point que j'y ai gagné un effrayante migraine.

Et elle s'était retirée dans sa chambre, tandis qu'Isabelle bénissait le ciel de la conversion de l'homme excellent qui ne perdait pas une occasion, elle le savait, de plaider discrètement sa cause près de madame Norand.

– Madame prie mademoiselle de se rendre au salon.

Isabelle, enlevée à sa rêverie, sursauta un peu et se tourna avec quelques étonnement vers Rémi qui apparaissait sur le seuil.

– Ce monsieur y est-il encore ?

– Oui, mademoiselle... Madame a dit que mademoiselle pouvait venir habillée comme elle l'était, parce que c'est quelqu'un que mademoiselle connaît beaucoup.

– Quelqu'un que je connais ?... Je me demande qui cela peut être, pensa Isabelle tout en lissant devant une glace ses cheveux un peu dérangés par son travail. Ce monsieur aurait bien dû me laisser le temps de finir cela, au moins !

128

Elle jeta un petit coup d'œil de regret sur la table à repasser où s'étalait la garniture brodée, doucement caressée par le rayon de soleil, et se dirigea sans beaucoup d'empressement vers le salon.

Au moment où la porte s'entrouvrait sous sa main, la voix nette et sonore de madame Norand lui parvint distinctement.

– Je sais qu'entre vos mains le bonheur d'Isabelle sera bien gardé et je...

Elle n'en entendit pas davantage. Reculant dans l'antichambre, elle se laissa tomber sur une banquette en se cachant la tête entre les mains dans un geste de découragement... C'était sans aucun doute le prétendant imposé par sa grand-mère, Marcelin de Nobrac. Comment ne l'avait-elle pas deviné !... Madame Norand voulait les mettre en présence, permettre au jeune critique de plaider sa cause et s'unir à lui pour arracher à sa petite-fille un assentiment. Oui, ce devait être cela...

Isabelle se releva d'un mouvement résolu. Il était préférable d'en finir aussitôt en faisant tomber leurs dernières illusions... Elle ouvrit vivement la porte et entra.

Il y avait en effet un jeune homme assis près d'une fenêtre, en face de madame Norand. Il tournait le dos à la porte, mais Isabelle constata néanmoins en un clin d'œil qu'il n'avait pas la blonde chevelure et l'apparence un peu grêle de M. de Nobrac... Il se leva et se retourna avec vivacité. Elle murmura :

– Gabriel !... Je rêve !...

En quelques pas, il était près d'elle et lui disait :

– Non, vous ne rêvez pas, Isabelle. Votre grand-mère vous donne à moi... enfin, enfin !

En un regard, ils mirent toute leur ivresse radieuse, tout leur pur bonheur, et leurs mains se réunirent sous l'œil bienveillant de madame Norand.

– Grand-mère, que vous êtes bonne ! s'écriait un instant plus tard Isabelle en lui entourant le cou de ses bras.

– Bonne !... Ma pauvre petite, que ne l'ai-je été ! Je n'aurais pas tant à me reprocher ! dit-elle avec un peu d'amertume. Mais, Isabelle, si quelque chose peut vous faire pardonner à votre aïeule, c'est la pensée de ce qu'elle a souffert.... Je ne voulais pas que vous ayez le sort de Marcel et de Lucienne, mes enfants tant aimés... trop, hélas ! murmura-t-elle avec une poignante tristesse.

Isabelle se serra plus étroitement contre elle en la regardant avec une affection émue, et Gabriel, lui prenant respectueusement la main, dit de sa belle voix chaleureuse :

– Isabelle a tout oublié, je m'en porte garant, madame. Nous essayerons de remplacer près de vous ces enfants tant regrettés et de vous faire oublier les souffrances d'autrefois, comme aussi les jours d'erreur que vous réparez si admirablement aujourd'hui.

....

... Les eaux grises chatoyaient sous l'ardent soleil qui irisait les embruns et dorait le granit sombre. Au-dessus de l'abîme mouvant, la brise inclinait les jeunes frênes et les bouleaux, et agitait d'un doux frémissement le lierre de la chapelle comme pour saluer et accueillir les deux êtres jeunes et heureux qui s'arrêtaient au seuil du petit temple.

Heureux, ils l'étaient enfin, non de l'éphémère joie du monde, mais de celle des âmes nobles et croyantes. Ils étaient mariés depuis la veille et leur voyage de noces commençait par Astinac.

Devant la nature forte et sévère qui les entourait, ils se remémoraient les jours d'incertitude et de tristesse... Mais, toujours, leur revenait le cher souvenir de cette heure passée dans la chapelle un soir de tempête, de ces instants où s'était décidé leur sort... Et, appuyés l'un sur l'autre, ils poussèrent la porte branlante, ils foulèrent les dalles disjointes et verdies, ils s'agenouillèrent sur une marche de l'autel effondré, devant la croix fruste et sombre qui étendait son bras unique comme un signe de victorieux pardon.

– Unis dans la même foi, dans le même amour... C'était là mon rêve, Isabelle, et la bonté divine l'a pleinement réalisé. Dieu a permis que notre amour fût l'étincelle qui a réveillé en vous le cœur et l'esprit en y faisant jaillir la foi, ma douce et chère Belle... Cette foi, nous la conserverons intacte et nous la répandrons autour de nous, n'est-ce pas ?

– Oh ! oui !... Et en premier lieu, nous la demanderons pour ma chère grand-mère, Gabriel ! Hélas ! elle a causé bien du mal par ses œuvres, mais le remords la gagne, la grâce est là, toute prête à pénétrer dans cette âme... Régine m'a promis de beaucoup prier pour elle, et nous aussi, nous le ferons, Gabriel, devant cette croix à l'ombre de laquelle se sont échangées nos promesses.

Ils levèrent simultanément les yeux dans un même élan de prière ardente. Le soleil, perçant les traînes de feuillage, qui voilaient les fenêtres, enveloppait d'une lueur d'or la grande croix rugueuse, et l'un de ses rayons illuminait les visages émus et graves des deux époux, comme une promesse divine jaillie du ciel et de la Croix.

En revenant par la lande où s'égrenaient les premières bruyères en fleur, ils rencontrèrent la vieille Rosalie, toujours droite et ferme. Elle s'arrêta près d'eux et dit de sa voix brève :

– Salut, madame et monsieur. J'ai prié pour vous ce matin, afin que les jours mauvais ne reviennent pas.

– Merci, Rosalie, dit Isabelle en lui tendant la main.

La vieille servante la prit et la serra doucement. Une lueur attendrie avait glissé sur ce visage sévère où les années et la souffrance avaient tracé d'innombrables rides... Elle s'éloigna lentement à travers la lande, laissant flotter au vent la cape qui entourait son long corps maigre. Avec sa coiffe de nonne et ses vêtements sombres, elle semblait une moniale d'autrefois sortie de sa tombe et errant dans la lande déserte à la recherche du monastère prospère qui s'élevait là plusieurs siècles auparavant.

Les jeunes gens arrivèrent à Maison-Vieille, la sombre demeure où Isabelle avait rêvé à ses premières joies. Par toutes les fenêtres ouvertes, le soleil entrait en souverain, éclairant victorieusement les recoins maussades et mettant une gaieté inaccoutumée dans la galerie sévère. La jolie châtelaine de la tapisserie paraissait toute rayonnante sous ce flot de lumière...

mais la jeune femme qui se trouvait ici n'avait désormais rien à lui envier. Elle ne se demandait plus quel bonheur inconnu illuminait le visage de la noble épousée, car ce bonheur, elle le possédait maintenant.

CPSIA information can be obtained
at www.ICGtesting.com
Printed in the USA
BVHW031409041121
620791BV00007B/274